BEI GRIN MACHT SICH IHR WISSEN BEZAHLT

D1724617

- Wir veröffentlichen Ihre Hausarbeit,
  Bachelor- und Masterarbeit

- Ihr eigenes eBook und Buch -
  weltweit in allen wichtigen Shops

- Verdienen Sie an jedem Verkauf

Jetzt bei www.GRIN.com hochladen und kostenlos publizieren

Stefan Rodrigo Spriestersbach

Sozialkapital in ethnischen Gemeinschaften

Hindernis oder Chance für die gesellschaftliche Integration?

GRIN Verlag

Bibliografische Information der Deutschen Nationalbibliothek:

Die Deutsche Bibliothek verzeichnet diese Publikation in der Deutschen National-
bibliografie; detaillierte bibliografische Daten sind im Internet über http://dnb.d-
nb.de/ abrufbar.

Dieses Werk sowie alle darin enthaltenen einzelnen Beiträge und Abbildungen
sind urheberrechtlich geschützt. Jede Verwertung, die nicht ausdrücklich vom
Urheberrechtsschutz zugelassen ist, bedarf der vorherigen Zustimmung des Verla-
ges. Das gilt insbesondere für Vervielfältigungen, Bearbeitungen, Übersetzungen,
Mikroverfilmungen, Auswertungen durch Datenbanken und für die Einspeicherung
und Verarbeitung in elektronische Systeme. Alle Rechte, auch die des auszugsweisen
Nachdrucks, der fotomechanischen Wiedergabe (einschließlich Mikrokopie) sowie
der Auswertung durch Datenbanken oder ähnliche Einrichtungen, vorbehalten.

Impressum:

Copyright © 2010 GRIN Verlag GmbH
Druck und Bindung: Books on Demand GmbH, Norderstedt Germany
ISBN: 978-3-640-86550-5

Dieses Buch bei GRIN:

http://www.grin.com/de/e-book/168672/sozialkapital-in-ethnischen-gemeinschaften

GRIN - Your knowledge has value

Der GRIN Verlag publiziert seit 1998 wissenschaftliche Arbeiten von Studenten, Hochschullehrern und anderen Akademikern als eBook und gedrucktes Buch. Die Verlagswebsite www.grin.com ist die ideale Plattform zur Veröffentlichung von Hausarbeiten, Abschlussarbeiten, wissenschaftlichen Aufsätzen, Dissertationen und Fachbüchern.

Besuchen Sie uns im Internet:

http://www.grin.com/

http://www.facebook.com/grincom

http://www.twitter.com/grin_com

Sozialkapital in ethnischen Gemeinschaften – Hindernis oder Chance für die gesellschaftliche Integration?

als

schriftliche

M.A. Abschlussabschlussprüfung

nach der

Studienordnung vom 13.Nov.2006

von

Stefan R. Spriestersbach

Student des Studiengangs

M.A. Internationale Studien / Friedens- und Konfliktforschung

an der Johann Wolfgang Goethe Universität

Frankfurt am Main

und

Technischen Universität

Darmstadt

Anmeldung am:
10. Mai 2010
Abgabe am:
13. September 2010
beim Prüfungsamt der
J.W.G. Universität Frankfurt

Inhaltsverzeichnis

4

1. Integrationskompetenz Sozialkapital?

„Was hält die Gesellschaft zusammen?" und „Was treibt die Gesellschaft auseinander?", fragt Heitmeyer (1997a/b) in zwei komplementär aufeinander folgenden Büchern. In diesen verweist er auf die doppelte Integrationsfrage und damit auf eine weitere Herausforderung von ethnisch-kulturell vielfältigen Gesellschaften (vgl. Heitmeyer 1997b: 10). Mit Bezug auf das klassische Cleavage-Konfliktlinienkonzept[1] weist Heitmeyer darauf hin, dass die Sozialwissenschaften die auf ethnischen Differenzen basierenden Konflikte nicht berücksichtigen, da diese „[...] schlecht in die historischen Typologien sozialer und politischer Grundkonflikte [...]" passen (ebd.: 235). Neben den vier Grundkonflikten in einer Gesellschaft kann aber „[...] die Integration der Mehrheitsgesellschaft selbst *und* der Minderheit[en]"[2] in diese Mehrheitsgesellschaft als eine mindestens ebenso große Herausforderung betrachtet werden (ebd.: 10). Eines der Anzeichen für den fortschreitenden Integrationsbedarf der Gesellschaft sind „[...] neue ethnische, religiöse und kulturelle Reibungsflächen [...], die teilweise auch zu Verhärtungen, Parallelgesellschaften und manifesten Konflikten führen" können (Heitmeyer/Imbusch 2005: 66).

Die Integration[3] von „[...] Subsystemen[4] einer Gesellschaft [...]" kann als Systemintegration verstanden werden (ebd.: 125). Dagegen ist unter Sozialintegration die Integration[5] von Menschen und Gruppen in eine Gesellschaft zu verstehen (vgl. 130f.). Dazu spezifiziert Esser (2001), im Rückgriff auf Lockwood, dass „[...] es durchaus möglich sei, dass eine Gesellschaft stark integriert ist [...], es aber Gruppen oder Personen gibt, die mehr oder weniger in diese Gesellschaft hinein integriert sind", woraus Esser schließt, dass es „[...] grundsätzlich eine Systemintegration auch *ohne* Sozialintegration geben"[6] könne (Esser 2001b: 4). In dieser Masterarbeit wird davon ausgegangen, dass Deutschland einen hohen Grad an Systemintegration erreichen konnte und diesen mit leichten Pendelschwankungen halten kann. Verschiedene Studien

---

[1] Heitmeyer (1997b) bezieht sich auf die Cleavage-Theorie von Stein/Rokkan, welcher von vier grundlegenden sozialen Konfliktlinien ausgeht: Kapital vs. Arbeit, Kirche vs. Staat, Stadt vs. Land und Zentrum vs. Peripherie (vgl. 235f.).
[2] Im Original hervorgehoben (vgl. ebd.).
[3] Beide Autoren beziehen sich dabei auf die mehrdimensionale Definition der Integration von Lockwood (vgl. Lockwood 1969, Heitmeyer/Imbusch 2005: 130f.).
[4] Lockwood beschreibt als Subsysteme einer Gesellschaft zum Beispiel das Wirtschafts- oder Rechtssystem (vgl. ebd.: 130).
[5] Hartmut Esser (2001b) weist darauf hin, dass im Zusammenhang mit der Integration von Migranten meist die soziale Integration beziehungsweise Sozialintegration gemeint ist (vgl. 8).
[6] Im Original hervorgehoben (vgl. ebd.).

und auch die öffentlich-politische Diskussion, verbunden mit (symbolischer) Integrationspolitik, deuten jedoch auf ein Defizit bei der Sozialintegration von ethnischen Minderheiten in Deutschland hin (vgl. BAMF 2008, 2010, BiB 2004, BIBE 2009, BMFSFJ 2000, BMI 2001). Studien zur Integration konzentrieren sich besonders gerne auf quantitative statistische Daten, um den Grad an Integration oder den Anteil der integrierten Migranten darzulegen. Im Mittelpunkt stehen dabei häufig die Sprachfähigkeit, die Erwerbstätigkeit und die Häufigkeit von Heiraten mit Deutschen (vgl. ebd.). Diese Indikatoren sollen in der Analyse nicht vernachlässigt werden, sondern vielmehr durch eine erweiterte Analyse der zwischenmenschlichen Beziehungen mit Hilfe des Sozialkapitalkonzepts umfassender gestaltet werden. Denn dem Sozialkapital wird dabei unter anderem die Leistungsfähigkeit unterstellt, „[…] soziale Integration durch verlässliche Beziehungen fördern […]" zu können (Klein et. al. 2004: 42). Sozialkapital kann demnach eine Gesellschaft zwar nicht alleine zusammenhalten, aber doch dazu beitragen, den Zusammenhalt in ihr zu fördern (vgl. Zmerli 2008: 42).

Der Fokus der Analyse wird auf die Bedingungen zur Entstehung und Bildung des Sozialkapitals in den ethnischen Gemeinschaften gelegt, um darauf aufbauend die Chancen und Hindernisse für eine Sozialintegration der Mitglieder der ethnischen Gemeinschaften analysieren zu können. Kann zum Beispiel die Einheirat eines deutschstämmigen Partners die Sozialintegration mehr fördern als ein gemeinsam absolvierter schulische Bildungsweg? Oder ist eine hohe Kontaktdichte mit Verwandten eine eher hinderliche Bedingung für die Sozialintegration? Mit der Analyse soll ein vertiefender Blick auf die umgebenden Rahmenbedingungen für das in ethnischen Gemeinschaften gebildete Sozialkapital gelingen. Es wird davon ausgegangen, dass sich die umgebenden Rahmenbedingungen des Sozialkapitals sich aus mehreren Einflussfaktoren zusammensetzen. Analysiert werden soll dabei zum einen die beeinflussende Kraft der kulturellen Herkunft auf die Entstehung und Bildung von Sozialkapital in den ethnischen Gemeinschaften. Zum anderen wird davon ausgegangen, dass möglicherweise auch andere nicht-kulturelle Einflussfaktoren ebenso auf die Entstehung und Bildung von Sozialkapital einwirken können. Hierunter sind zum Beispiel divergierende Lebensentwürfe sowie Einstellungs- und Verhaltensmuster zu verstehen.

Zudem wird von einer sich entfaltenden Folgewirkung des in ethnischen Gemeinschaften entstandenen und gebildeten Sozialkapitals auf die Gesamtgesellschaft ausgegangen. Darunter kann einerseits die Entwicklung von Parallelgesellschaften oder ethnischen Kolonien als Folge von Integration verstanden werden, die sich lediglich auf die ethnische Gemeinschaft beschränkt, andererseits eine unbeschränkte Sozialintegration von Migranten, die über die ethnische Gemeinschaft hinaus möglich ist. Welchen Chancen oder Hindernisse das in ethnischen Gemeinschaften entstandene und gebildete Sozialkapital für eine beschränkte Integration oder unbeschränkte Sozialintegration bieten kann, soll an zwei in Deutschland ansässigen ethnischen Gemeinschaften vergleichend analysiert werden.

2. Fragestellung der Masterarbeit

Nach Alba und Nee (2003) können drei Prozesse der sozialen Integration differenziert werden: erstens der Prozess der Assimilation in die Gesamtgesellschaft, welcher als unidirektionaler und unumkehrbarer bis zur Anpassung beschrieben werden kann (vgl. Alba/Nee 2003: 25), zweitens die „[…] Eingliederung als ein […] Prozeß der Verhärtung rassistischen Ausschlusses und der Absorption in einen rassischen Minderheitenstatus […]" (ebd.: 22) sowie drittens ein „[…] Prozeß der sozialen Pluralisierung, der es Individuen und Gruppen erlaubt, ökonomische und soziale Vorteile wahrzunehmen, indem sie relevante Teile ihrer Lebensführung im Bezugsrahmen einer ethnischen Matrix ansiedeln" (ebd.). Es wird davon ausgegangen, dass soziale Integrationen in den ethnischen Gemeinschaften in und durch alle drei Prozesse individuell vorkommen können.

Als möglicher polarer Gegensatz zur sozialen Integration soll in dieser Masterarbeit die Binnenintegrationsthese dienen, die an späterer Stelle noch einmal ausführlich und spezifiziert dargestellt wird (vgl. Abs. 5.2). Kurz zusammengefasst wird zum einen davon ausgegangen, dass Binnenintegration nur förderlich für die Integration in die ethnische Gemeinschaft sein kann, und zum anderen davon, dass Binnenintegration zudem (als zweite Stufe) die Integration in die Gesamtgesellschaft mit befördert (vgl. ebd.). Aufbauend auf der Binnenintegrationsthese stellt Haug (2006) fest, dass „[…] die Einbettung in eine ethnische Gemeinschaft förderliche Wirkungen für die gesamtgesellschaftliche Integration" hat, was auf das gebildete Sozialkapital zurückzuführen ist (97).

Das Konzept des Sozialkapitals wurde als theoretischer Rahmen für diese Masterarbeit gewählt und wird aufgrund dessen in den folgenden Abschnitten ausführlich dargestellt (vgl. Abs. 3-3.4.2). In der Masterarbeit wird dabei der folgenden Fragestellung nachgegangen:

Unter welchen Bedingungen kann das in ethnischen Gemeinschaften gebildete Sozialkapital eine Doppelintegration ermöglichen oder verhindern und welche Wirkungen hat das in den ethnischen Gemeinschaften gebildete Sozialkapital auf die Gesamtgesellschaft?

Eine nähere operationale Erläuterung des Analyserahmens und der Begrifflichkeiten der Fragestellung findet im Abschnitt 4 statt, da eine Erörterung zu diesem Zeitpunkt ohne die spezifischen Merkmale des hybriden theoretischen Konzepts des Sozialkapitals für diese Masterarbeit nicht sinnvoll erscheint.

3. Das theoretische Konzept: Sozialkapital

In diesem Kapital soll zunächst der allgemeine wissenschaftlich-historische Ursprung des Sozialkapitals erörtert werden, um darauf aufbauend die politikwissenschaftliche Ausrichtung für diese Masterarbeit ausführlicher darzustellen (vgl. Abs. 3.1-3.1.1). Im daran anschließenden Abschnitt wird die Einbettung des Sozialkapitals in ihrem Bezug zu anderen wissenschaftlich entwickelten Kapitalformen beleuchtet (Abs. 3.1.2). Hierauf folgt die Erörterung des für diese Masterarbeit relevanten gesellschaftlichen Bezuges zum Konzept von Sozialkapital (vgl. Abs. 3.1.3). Daran anschließend wird das theoretische Fundament für diese Masterarbeit anhand einer selektiven Auswahl des putnamschen Sozialkapitalansatzes vorgestellt (vgl. Abs. 3.2–3.2.2.2). Ergänzt wird der Sozialkapitalansatz durch das colemansche Handlungssystem mit Vertrauensvergabe (vgl. Abs. 3.3–3.3.2). Vorweggenommen werden kann an dieser Stelle, dass das theoretische Fundament des Sozialkapitalansatzes durch Ausführungen von Diekmann (1993) und Seubert (2009) erweitert und somit für diese Masterarbeit komplettiert wird. Diese Adaption oder Hybridisierung des theoretischen Sozialkapitalansatzes für diese Masterarbeit erscheint sinnvoll, um eine möglichst zielführende Analyse durchführen zu können (Abs. 3.4–3.4.2).

3.1 Eine Einführung in das Konzept: Sozialkapital

Nach Angaben von Robert Putnam (2000) kam das theoretische Konzept des Sozialkapitals zum ersten Mal in der Progressive Era (1890–1920) im Bildungssektor in den USA auf und wurde von L.J. Hanifan mit der „[...] importance of community involvement for successful schools [...]" in Verbindung gebracht (19). Zudem finden sich schon in diese Richtung gehende Grundgedanken bei den soziologischen „[…] Klassikern wie Max Weber, Georg Simmel oder Émile Durkheim […]" unter dem Begriff des sozialen Handelns (Franzen/Freitag 2007: 7). Zu einer Renaissance dieser Gedankengänge, nun im theoretischen Konzept des Sozialkapitals, führten in den 80er und 90er Jahren die Arbeiten von Bourdieu, Coleman und Putnam (vgl. ebd.: 10). Putnam (1999) selbst datiert die gegenwärtige wissenschaftliche Wiedereinführung des Sozialkapitals in die 60er Jahre zurück und verweist auf Jacobs Werk: The Death and Life of Great American Cities von 1961 (vgl. ebd.: 28 Fußnote 15, 2000: 19f.). Die letztendliche Etablierung in der Wissenschaft sei jedoch, nach Putnam, erst Coleman Ende der 80er Jahre gelungen (vgl. ebd.). Historisch betrachtet bemerken Franzen und Freitag (2007), dass verschiedene Beiträge mit dem Label Sozialkapital, die unabhängig voneinander in unterschiedlichen wissenschaftlichen Bereichen veröffentlicht worden waren, zur Entwicklung des theoretischen Konzepts beigetragen hätten, wobei dadurch aber auch eine zunehmende Heterogenität sichtbar geworden sei (vgl. Franzen/Freitag 2007: 67, o.ä. Putnam 1999: 9f.). So ist es nicht verwunderlich, dass Sozialkapital zuweilen als nebulöses Konzept (Roche) oder als semantischer Fallout (Farr) beschrieben oder auch als Genotyp mit vielen Phänotypen (Adam/Roncevic) charakterisiert wird (vgl. Van Deth 2008: 152).

Bei der empirischen Erfassung findet sich demnach auch keine allgemein akzeptierte operationale Definition des Begriffs Sozialkapital. Selbst Putnam geht einerseits von einem weiten und andererseits von einem engen Sozialkapitalbegriff aus. So weist Seubert (2009) bei Putnam darauf hin, dass dieser zum einen von der Kernidee eines Wertes eines jeden Netzwerkes ausgeht, zum anderen jedoch in einer engeren Definition eine qualitative Unterscheidung der Netzwerke vornimmt (vgl. Seubert 2009: 82f.). Allgemein können dennoch in den meisten Definitionen von Sozialkapital die Dimensionen: Vertrauen, Reziprozität und soziale Netzwerke ausgemacht werden (vgl. Diekmann 2007: 52). „Stillschweigend oder ausdrücklich sind die Bestandteile der Definitionen von Sozialkapital Variablen, von denen man annimmt, dass sie positive

Effekte auf das Ausmaß an kooperativem Verhalten in einer Gesellschaft ausüben" (ebd.). Putnam (2002) selbst bemerkt dazu, dass Sozialkapital ebenso „[…] manchmal als Zivilgesellschaft, dann wieder als bürgerliches Engagement bezeichnet […]" werde, aber damit im Grunde dasselbe gemeint sei (257). „I use the term 'civic engagement' to refer to people's connections with the life of their communities, not merely with politics" (Putnam 1995a: 665). „Man muss allerdings einräumen, dass […] nicht alle zivilgesellschaftlichen Assoziationen und Initiativen erfasst sind, […] sondern […] [dass sie] zum Beispiel lediglich Geselligkeits- und Gemeinschaftsfunktionen erfüllen" (Klein et. al. 2004: 33).

> „Im Zentrum steht dabei jene Sphäre ‚jenseits von Markt und Staat', die mit solch unterschiedlichen Konzepten wie ‚Zivilgesellschaft', ‚Bürgergesellschaft', ‚Netzwerkgesellschaft' oder ‚Dritter Sektor' beschrieben wird. *Social capital* – Sozialkapital bzw. Sozialvermögen – ist dabei zu einem Schlüsselbegriff avanciert, der in unterschiedlichen Operationalisierungen in die historische und empirische Forschung Einzug gehalten hat" (ebd.: 41).

3.1.1 Die politikwissenschaftliche Ausrichtung des Sozialkapitals

Für die Politikwissenschaften sind in erster Linie die Analysen von Putnam (1993a, 1995b, 2000, 2001) ausschlaggebend und prägend gewesen (vgl. Franzen/Freitag 2007: 11). Grob können dabei zwei Diskursrichtungen unterschieden werden: zum einen der Steuerungsdiskurs, welcher im Kontext neuer Staatlichkeit geführt wird, und zum anderen der schon als klassisch zu bezeichnende Solidaritätsdiskurs in einer Gesellschaft, welcher sich mit der sozialen Integration auseinandersetzt (vgl. Seubert: 2009: 11).

Die hier zu untersuchenden Beispiele ethnischer Gemeinschaften bewegen sich demzufolge im zuletzt genannten Diskurs. In der demokratietheoretischen Konzeptionalisierung des Sozialkapitals von Seubert (2009) wird

> „[…] die Förderung gesellschaftlicher Integration […] als Herausforderung der Gegenwart benannt, auf die mit dem Sozialkapital eine Antwort gefunden werden könnte" (17).

Die Aufgabe besteht darin, den Prozess der Sozialkapitalbildung daraufhin zu untersuchen, inwieweit die Teilhabe an der Gesamtgesellschaft befördert oder verhindert wird. Denn trotz juristischer und verfassungsgemäßer Gleichheit existieren unterschiedliche gesellschaftliche Gruppen, die alle unterschiedlich an der Gesellschaft teilhaben (vgl. ebd.: 18f.).

Für Putnam (2002) besteht die Herausforderung in der zunehmenden ethnischen Differenz, welche mit einer Spaltung der Gesellschaft zu tun hat (vgl. 206). Aus der putnamschen integrationstheoretischen Sicht besteht die Möglichkeit, die Wirkung des Sozialkapitals auf der individuellen Ebene (Mikroebene), der Gruppenebene (Mesoebene) und der gesamtgesellschaftlichen Ebene (Makroebene) zu untersuchen (vgl. Seubert 2009: 183). Dabei geht Putnam (2000) von einer unidirektionalen, kausalen Richtung aus der Mikro- über die Meso- in die Makroebene aus, wonach „[…] social capital does help individuals to prosper. The only real debate is […] how big [the] role [is that] social capital plays […] that it also can help neighborhoods, and even nations, to create wealth" (322). Folgt man dieser Differenzierung, kann eine Unterscheidung in individuellen und kollektiven Besitz des Sozialkapitals vorgenommen werden, wobei dieser Aspekt im darauf folgenden Abschnitt eingehender dargelegt wird (vgl. ebd.: 13, Van Deth 2008: 155). Zunächst soll zuvor die Relation von Sozialkapital mit anderen wissenschaftlichen Kapitalformen erörtert werden, um das Kapitale im Sozialkapital herauszustellen.

3.1.2 Das Kapitale im Sozialkapital

Sozialkapital kann als Analogiebildung zu anderen theoretischen Kapitalformen wie physischem Kapital, aber auch Humankapital betrachtet werden. Die Kernidee dabei ist, dass, ebenso wie einem Schraubenzieher (physisches Kapital) und einer akademischen Ausbildung (Humankapital), dem Sozialkapital Eigenschaften zugeordnet werden können. In einer groben Einteilung können dabei materielle Objekte dem physischen Kapital sowie nicht veräußerbares individuelles Eigentum dem Humankapital und aus nicht übertragbaren Verbindungen zwischen Individuen entstehende Hilfeleistungen[7] dem Sozialkapital zugeordnet werden (vgl. Putnam 2000: 18f., 2002: 258).

---

[7] An dieser Stelle fällt es schwer nur einen Begriff stellvertretend für das Produkt aus Sozialkapitals zu wählen. Neben Hilfeleistung wären auch die Begriffe Dienstleistung oder Informationen denkbar, wie im Weiteren noch deutlich wird.

In dieser Masterarbeit soll der (kausale) Zusammenhang zwischen den hier benannten Kapitalformen untereinander und mit (möglicherweise) weiteren Kapitalformen nicht explizit analysiert werden, kann aber ebenso nicht einfach außer Acht gelassen werden. Nach Ansicht von Offe (1999) bedarf es für das Sozialkapital, um dem enthaltenen Begriff >Kapital< gerecht zu werden, der Erfüllung von vier Bestimmungsfaktoren,[8] die es erfüllen muss. Erstens hat Kapital einen Eigentümer und damit hat es Eigentumsrechte, die transferierbar sind. Zweitens soll Kapital (unter optimalen Voraussetzungen) Ertrag erzielen und sich dadurch vermehren oder zumindest erhalten. Drittens muss die Möglichkeit zur Investition in dieses Kapital erfüllt sein. Viertens und letztens verliert und verbraucht sich Kapital im Laufe der Zeit und verliert damit an Wert (vgl. Offe 1999: 116ff.).

Sozialkapital erfüllt diese wirtschaftlichen und rechtlichen Faktoren nur bedingt, weshalb Offe (1999) den Begriff Sozialvermögen als den für Sozialkapital passenderen vorschlägt (vgl. ebd.). Denn zum einen können die Eigentumsrechte nicht frei veräußert werden, da Sozialkapital kein individuell gebundener Besitz ist, aber dennoch als vererbbare soziale Ausstattung (an zum Beispiel die eigenen Kinder) weitergegeben werden könnte. Esser (2000c) spricht in diesem Zusammenhang von der Fungibilität des Sozialkapital, das „[...] in einem besonders ausgeprägten Maße an einen *bestimmten* sozialen Kontext *gebunden* ist und daher ein *nicht* fungibles und somit ein sehr *spezifisches* Gut darstellt"[9] (239). Zum anderen verliert Sozialkapital seinen Wert nicht durch Gebrauch, sondern wird dadurch erst gebildet und kann damit sogar an Wert gewinnen, wie auch Humankapital durch Erfahrung oder Ausübung an Wert gewinnt (vgl. ebd.).

Die einzige Begründung, die eine begriffliche Bezeichnung als Sozialkapital rechtfertigt, ist, dass ein die Wohlfahrt steigernder Effekt für die Gesamtgesellschaft oder zumindest für Teile dieser vom Sozialkapital ausgeht (vgl. Offe 1999: 118). Die Erörterung des gesellschaftlichen Bezugs von Sozialkapital wird in den folgenden Abschnitten und bei den Ergänzungen zum hybriden theoretischen Sozialkapitalansatz für diese Masterarbeit in den Abschnitten 3.4.1 und 3.4.2 vertiefend dargestellt werden.

---

[8] Arrow weist beim Kapitalbegriff im Zusammenhang mit Sozialkapital auf drei Kriterien hin. Zum einen muss es zeitunabhängig existieren, zum anderen muss ein gegenwärtiger freiwilliger Verzicht zugunsten zukünftiger Vorteile und dazu eine Veräußerung möglich sein (vgl. Franzen/Pointner 2007: 69).
[9] Im Original hervorgehoben (vgl. Esser 2000c: 239).

3.1.3 Sozialkapital als öffentliches und/oder privates Gut

Nicht nur Offe (1999) spricht dem Sozialkapital positive Effekte für die Wohlfahrt eines Landes zu, sondern auch Putnam (2000) unterstützt diese Position (vgl. Abs. 3.1.1). Mit Bezug auf eine Untersuchung von Hanifan betont Putnam (2001) zudem den privaten und öffentlichen Nutzen, denn „[…] Sozialkapital [kann] durch geschickte Führung leicht zur allgemeinen Verbesserung der Wohlfahrt der Gemeinde eingesetzt werden" (Putnam 2001: 17). Offe (1999) bezeichnet die „[…] spontane Entfaltung von Kooperationsbeziehungen […] [als] zivilgesellschaftliche Dispositionen", wobei diese Entfaltung nicht nur innerhalb gesellschaftlicher (Teil-)Gruppen, sondern auch zwischen diesen kooperatives Handeln ermöglichen kann (115). Putnam charakterisiert in seiner Sichtweise des Sozialkapitals dieses als öffentliches Gut, wobei er an den „[…] wenigen Stellen, an denen er theoretische Ausführungen macht – [sich] vor allem auf die Sozialtheorie von James Coleman" bezieht (Seubert 2009: 83).

Auf die im Abschnitt 3.3 noch vorzustellende colemansche Perspektive des Sozialkapitals bezogen kann vorgreifend erwähnt werden, dass Coleman selbst zuerst nicht von Sozialkapital als einem öffentlichen Gut ausging. Er vertrat (zu Anfang) eine von derjenigen Putnams abweichende Auffassung, denn primär ging Coleman von einer individuell nutzenmaximierenden Sozialkapitalperspektive aus (vgl. Seubert 2009: 83f., Abs. 3.3). Der Aspekt des Sozialkapitals als öffentliches Gut unterscheidet diese Kapitalform von den anderen, kurz erörterten Kapitalformen im Hinblick auf das zielgerichtete Handeln, da es für Individuen eine bedeutende Ressource darstellen kann. Das Paradox liegt jedoch in der Herstellung von diesem selbst. Zwar wird es individuell hergestellt, jedoch ist der Herstellende nicht primäre der Nutznießer des hergestellten Sozialkapitals, sondern es profitieren zuerst andere davon (vgl. Coleman 1995a: 315ff.).

> „Die Folge daraus ist, daß die meisten Formen von sozialem Kapital als ein Nebenprodukt anderer Tätigkeiten erzeugt oder zerstört werden. Ein Großteil an sozialem Kapital entsteht und vergeht, ohne daß irgend jemand bewußt dazu beiträgt" (ebd.: 317).

Warum Sozialkapital aber von Putnam[10] und Coleman lediglich als Nebenprodukt betrachtet wird, erklärt Seubert (2009) bei Coleman mit der rationalen und nutzenorientierten Logik des Handelns, welche sich aus dem größten allgemeinen Problem öffentlicher Güter ergibt, nämlich dem Zusammenhang von Investition und

---

[10] Vgl. zu Putnam 1993a: 169.

Gewinn (vgl. 86f.). Synonym für dieses Ungleichgewicht steht das Trittbrettfahrerproblem oder Gefangenendilemma, bei dem eine freiwillige Investition getätigt werden kann, aber die Ausschüttung des Gewinns an alle erfolgt. Mit der dadurch gegebenen fehlenden Motivation zur Investition und der nicht gegebenen personifizierten Internalisierungsmöglichkeit des Gewinns wird Sozialkapital immer tendenziell ein unterinvestiertes öffentliches Gut bleiben (vgl. ebd.). Auf der anderen Seite gesteht Putnam (2000) zu, dass

> „Social cpaital can thus be simultaneously a 'private good' and a 'public good'. Some of the benefit from an investment in social capital goes to bystandres, while some of the benefit redounds to the immediate interest of the person making the investment" (20).

Esser (2008) zieht bei Sozialkapital und anderen Kapitalformen eine dichotome Differenzierung von selbstständigem (Autonomy) und fremdbestimmtem (Heteronomy) Kapital in deren Herstellung vor. Dabei charakterisiert er Sozialkapital, im Vergleich zu physischem und Humankapital, als fremdbestimmtes Kapital. Die Begründung dafür liegt nach Esser in der Tatsache, dass Sozialkapital in der Herstellung, aber auch in der Verwendung nicht von einem Individuum kontrolliert werden kann und damit als ein kollektives Gut betrachtet werden muss (vgl. Esser 2008: 23, Abs. 3.1.1). Seubert (2009) kommt, aufbauend auf Putnams (2001 mit Gross) Fazit einer „Privatisierung des Sozialkapitals" (781), in der internationalen vergleichenden Sozialkapitalstudie zu dem Schluss, dass das

> „Sozialkapital der Gesellschaft immer mehr zu einem individuellen bzw. kollektiven Gut von sozialen Gruppen [wird] [...]. Es bedeutet nicht, dass Sozialkapital einfach schwindet, wohl aber, dass es immer weniger als öffentliches Gut zur Verfügung steht" (Seubert 2009: 190).

Im Vergleich dazu bezieht Fukuyama (2002) eine andere Position, indem er schlussfolgert: „Social capital is not a public good, it is a private good that produces extensive positive and negative externalities" (29). Die positiven und negativen Externalitäten des Sozialkapitals werden in den Ergänzungen zum Sozialkapitalansatz noch einmal aufgegriffen und dargestellt, da sie für die in der Fragestellung der Masterarbeit wichtigen Komponenten des Ermöglichens und Verhinderns von Doppelintegration unabdingbar sind (vgl. Abs. 3.4).

Wie deutlich geworden sein sollte, lässt sich die Charakterisierung des Sozialkapitals als öffentliches oder privates Gut nicht eindeutig und zweifelsfrei treffen. In dieser Masterarbeit soll Sozialkapital als privates (Mikroebene) und kollektives Gut von ethnischen Gemeinschaften (Mesoebene) verstanden werden, welches eine Auswirkung beziehungsweise Außenwirkung auf die Gesamtgesellschaft (Makroebene) hat.

3.2 Der Sozialkapitalansatz nach Robert Putnam

Grundlegend wird zu Anfang von Putnams „[…] theoretische[r] Fundierung seines Konzepts […] kollektiven Handelns" ausgegangen (Seubert 2009: 72). Putnam (1993a, 2000) untersuchte die innergesellschaftlichen Strukturen in Italien und den USA im Hinblick auf die Merkmale sozialer Kooperation mit sowohl qualitativen als auch quantitativen Analysemethoden. Hierbei hat Putnam einerseits einen kulturell-regionalen Unterschied aus historischer Perspektive in Italien und andererseits einen Rückgang des Sozialkapitals aufgrund des sozialen Wandels in den USA feststellen können (vgl. ebd.).

Nach Putnams (1999) theoretischem Konzept „[…] bezieht sich der Begriff ‚Sozialkapital' auf bestimmte Grundzüge […], beispielsweise auf Netzwerke, Normen und soziales Vertrauen [und] die Koordination und Kooperation […]" untereinander (Putnam 1999: 28). Putnams Ansicht nach sind die Dimensionen des Sozialkapitals erstens in Netzwerken zu finden, wo eine Interaktion möglichst von Gleichen unter Gleichen ermöglich wird, zweitens in den Normen der generalisierten und balancierten Reziprozität und drittens in personellem und sozialem Vertrauen, welches die Erwartung widerspiegelt, dass kooperatives Verhalten erwidert werde (vgl. Putnam 1993a: 115–8). Hierbei kann eine Differenzierung in eine strukturelle und kulturelle Dimension des Sozialkapitals getroffen werden.

Van Deth (2008) macht ebenfalls auf die Differenzierung zwischen strukturellen und kulturellen Dimensionen des Sozialkapitals aufmerksam. Dazu weist er darauf hin, dass diverse Autoren die kulturelle Dimension lieber als kognitive oder/und affektive Dimension bezeichnen, um die (psychologische) Prädisposition von Normen auch innerhalb eines kulturellen Raums gegenüber divergierenden Kulturkreisen zu betonen (vgl. ebd.: 151, u. a. Fußnote 3).

3.2.1 Strukturelle Dimension des Sozialkapitals

Die strukturelle Dimension umfasst soziale Netzwerke und die kulturelle Dimension umfasst „[…] die Generierung von sozialen Normen, vor allem Normen der Reziprozität, die zur Herausbildung generalisierten Vertrauens […]" beitragen (Seubert 2009: 74). Im ersten Unterabschnitt der strukturellen Dimension des Sozialkapitals sollen Netzwerke zunächst eingehender erörtert werden. Darauf aufbauend soll im zweiten Abschnitt der kulturellen Dimension des Sozialkapitals auf Normen und Vertrauen nach Putnam unter Einbezug von Colemans Erörterungen eingegangen werden.

3.2.1.1 Netzwerke

„Der Begriff des Netzwerkes bezeichnet alle sozialen Beziehungen, die sich durch kontinuierliche und wiederholte Interaktion und einen begrenzten Personenkreis auszeichnen" (Marx 2005: 34, i.O. vgl. Putnam 1993a: 182, 2000: 171).

Netzwerke lassen sich in allen Gesellschaften finden. Dabei ist es unerheblich, ob diese demokratisch oder autoritär regiert werden oder ob sie in eine kapitalistische oder feudale Wirtschaftsstruktur eingebettet sind oder waren (vgl. Putnam 1993a: 173f.). Für die Entstehung beziehungsweise die Entwicklung von Sozialkapital ist es nicht nur wichtig, nach der Ebene zu unterscheiden (vgl. Abs. 3.1.2), sondern auch die Art der sozialen Beziehung ist von entscheidender Bedeutung für die Entwicklung von Sozialkapital. Eine erste Unterscheidung bei sozialen Beziehungen, nach Putnam (2001 mit Gross), die bereits vor Beginn der Analyse getroffen werden soll, bezieht sich auf den formellen oder informellen Charakter von sozialen Beziehungen (vgl. 25f.). Als formell organisierte soziale Beziehungen sind diejenigen zu verstehen, die in Organisationen mit „[…] offiziellen Funktionären, Mitgliedsbedingungen, Beiträgen, regelmäßigen Versammlungen usw. […]" eingebettet sind (ebd.: 25). Als wichtigstes Beispiel für Organisationen mit formellen sozialen Beziehungen bezeichnet Putnam (2002) in Amerika religiöse, aber auch gewerkschaftliche oder genossenschaftliche Vereinigungen (vgl. 264–9). Dagegen sind alle anderen Formen sozialer Beziehungen als informell zu bezeichnen. Dazu zählen Kontakte zur Familie, zu Freunden, Verwandten, Kollegen und Bekannten, die nicht in irgendeiner Weise organisiert sind (vgl. 25f.). In der Analyse dieser Masterarbeit werden nur informelle soziale

Beziehungen untersucht, bei denen drei dichotome Dimensionen nach Putnam (1993a, 2000, 2001 mit Gross) unterschieden werden. Denn Putnam hebt hervor, dass „[t]he most fundamental form of social capital is the family, […] both extended and nuclear […]" (Putnam 1995b: 73, o.ä. 2000: 21).

3.2.1.2 Horizontale und vertikale soziale Beziehungen

Die erste dimensionale Differenzierung nach Putnam (1993a) unterscheidet horizontale und/oder vertikale soziale Beziehungen durch die Ausstattung der Akteure mit Status und Ressourcen sowie einer eventuell vorhandenen symmetrischen oder asymmetrischen Struktur (vgl. 173f.).

> „Some of these networks are primarily 'horizontal,' bringing together agents of equivalent status and power. Other primarliy 'vertical,' linking unequal agents in asymmetric relations of hierarchy and dependence" (ebd.: 173).

Dabei erkennt Putnam aber selbst an, dass es in der Wirklichkeit zumeist nur Mischformen horizontaler und vertikaler sozialer Beziehungen gibt, denn selbst ein Bowlingteam hat einen Kapitän und wäre hierdurch eigentlich schon als hierarchisch zu bezeichnen. Diese Differenzierung scheint auf den informellen Bereich von sozialen Beziehungen zunächst nicht anwendbar, jedoch zeigt Putnam (1993a) bei der Analyse Italiens selbst, dass gerade in Süditalien vertikale soziale Beziehungen weit verbreitet sind. Dabei ist festzuhalten, dass informelle soziale Beziehungen, die dem Sozialkapital förderlich sind, mehr horizontal als vertikal organisiert sind (vgl. ebd.).

In vertikalen sozialen Beziehungen sieht Putnam den Informationsfluss als weniger zuverlässig an als in horizontalen sozialen Beziehungen. Zwar bildet sich auch in vertikalen sozialen Beziehungen Sozialkapital, dieses läuft aber eher auf opportunistisches Verhalten der Akteure hinaus, welches eher für eine klientelistische oder paternalistische soziale Beziehung spricht. Diese Art der sozialen Beziehungen ist jedoch asymmetrisch und kann auch als Abhängigkeitsbeziehung bezeichnet werden, wodurch sie im Vergleich zu horizontalen sozialen Beziehungen, in denen die Interaktion von Gleichen unter Gleichen möglich ist, als nicht förderlich für die Entwicklung von gutem Sozialkapital bezeichnet und gesehen werden muss (vgl. ebd.: 174f..).

3.2.1.3 Bindende und brückenschlagende soziale Beziehungen

Als Novum[11] erkennt Putnam (2000) in seiner Untersuchung bei der Wirkung des Sozialkapitals eine „[…] difference between the pro-sociol and antisocial consequences […]" an (Putnam 2000: 22). Daraus folgert Putnam „[…] the most important […] distinction between bridging (or inclusive) and bonding (or exclusive) […] forms of social capital […]" (ebd.). Brückenschlagende (bridging) soziale Beziehungen haben eher die Fähigkeit, „[…] völlig unterschiedliche Menschen […]" zusammenzubringen, wohingegen bindende (bonding) soziale Beziehungen sich durch ethnische oder geschlechtsspezifische Selektion auszeichnen (ebd.).

> „[…] [S]ich auf bestimmte gesellschaftliche Nischen beschränkende [Beziehungen], [bergen] mit größerer Wahrscheinlichkeit das Risiko negativer Außenwirkungen […]" für die Gesellschaft in sich (Putnam/Gross 2001: 29).

Als Beispiele für bindende Ausprägungen benennt Putnam „[…] sectarianism, ethnocentrism, corruption […]", da diese fast immer partikulare Interessen verfolgen oder diese indirekt befördern (Putnam, 2000: 22). Dennoch, „[b]onding social capital is good for undergirding specific reciprocity and mobilizing solidarity […] in ethnic enclaves, for example […]" (ebd.). Zudem ist anzumerken, dass durch bindende soziale Beziehungen eine starke In-Group-Loyalität erzeugt wird, wodurch unisono ein Out-Group-Antagonismus befördert wird (vgl. ebd.: 23). Als Letztes ist noch besonders hervorzuheben, dass beide Ausprägungen auch gleichzeitig hervorgebracht werden können (vgl. ebd., Putnam/Gross 2001: 29).

3.2.1.4 Starke und schwache soziale Beziehungen

Als Drittes werden starke und schwache soziale Beziehungen (oder Beziehungen mit hoher und geringer (Interaktions-)Dichte unterschieden. Eine starke soziale Beziehung zeichnet sich durch eine hohe alltägliche Interaktion aus (vgl. Putnam/Gross 2001: 26f.). Die eigene Familie, ob Kern- oder Großfamilie, ist wohl die ursprünglichste und auch immer noch häufigste Form, in der starke soziale Beziehungen vorkommen (vgl. ebd., Abs. 3.2.1.1). Es können aber ebenso auch außerfamiliäre soziale Beziehungen sein, mit denen ein beträchtlicher Teil der frei gestaltbaren Zeit verbracht wird und die

---

[11] Putnam weist jedoch darauf hin, dass „[…] as I can tell, credit for coining these labels belongs to Ross Gittell and Avis Vidal […]" (Putnam 2000: 446 (Note 20)).

über Grußbekanntschaften oder zufällige Begegnungen hinausgehen (vgl. Putnam/Gross 2001: 26f.). Dennoch wird die Nützlichkeit der schwachen gegenüber den starken sozialen Beziehungen hervorgehoben, denn „[…] [s]elbst wenn Sie einer fremden Person nur grüßend zunicken, steigt die Wahrscheinlichkeit, dass sie Ihnen in einer plötzlichen Notsituation zu Hilfe kommen wird" (Putnam/Gross 2001: 26).

Für Zmerli (2008) werden starke soziale Beziehungen durch die Häufigkeit und Ausschließlichkeit von Kontakten charakterisiert (vgl. 49). Mit dem Begriff der Ausschließlichkeit wird der Aspekt, der besser mit hoher und geringer Dichte beschrieben werden kann, angeschnitten, wobei die Verbindung zu bindenden und brückenschlagenden sozialen Beziehungen deutlich wird (vgl. Zmerli 2008: 49).

3.2.2 Kulturelle Dimension des Sozialkapitals

Im zweiten Unterabschnitt des Sozialkapitals nach Putnam (1993a, 2000, 2001 mit Gross) soll nun auf die kulturelle Dimension der Normen und des Vertrauens eingegangen werden. Dabei werden, ebenso wie bei den sozialen Beziehungen, von Putnam dichotome (Sub-)Dimensionen bei den Normen der Reziprozität und beim Vertrauen unterscheiden.

3.2.2.1 Normen

„In Putnams Argument geht es nicht um die Genese beliebiger sozialer Normen, sondern speziell um Normen der Reziprozität. […] Normen der Reziprozität halten uns dazu an, Gefallen, die uns andere erweisen, zu erwidern" (Seubert 2009: 105).

Nach Putnams (1993a) Verständnis werden Normen durch Sozialisationsprozesse, auf die er aber nicht näher eingeht, internalisiert. „[…] [N]orms that forestall opportunism are so deeply internalized that the issue of opportunism at the expense of community obligation is said to arise often here […]" (161). Seubert (2009) spricht in Bezug auf Putnam davon, dass Normen bei der Sozialisation „eingepflanzt" würden und, sofern diese nicht rechtlich sanktioniert würden, eine gegenseitige Kontrolle der Akteure selbst die Einhaltung dieser ermögliche (vgl. 75 Fußnote 4). Marx (2005) bezeichnet Putnams Verständnis der Internalisierung von Normen der Reziprozität als mehr oder weniger stabile und dadurch als zumeist dauerhafte kulturelle Disposition einer Gesellschaft oder Gemeinschaft (vgl. 43). Darauf aufbauend kann der Hinweis von Seubert (2009) eingefügt werden, dass Putnam demokratischere Normen den horizontalen sozialen Beziehungen zuordnet und dementsprechend Normen, die aus vertikalen sozialen Beziehungen (vgl. Abs. 3.2.1.2) entstehen, eher als paternalistisch bezeichnet und damit als weniger demokratisch charakterisiert (vgl. 75).

Putnam (1993a) unterscheidet zwei (Sub-)Dimensionen bei den Normen der Reziprozität. Einerseits gibt es balancierte (oder spezifische) Reziprozität, bei der ein Gefallen zeitgleich erwidert wird, und andererseits gibt es generalisierte (oder diffuse) Reziprozität. Hierbei sind zwei wichtige Unterschiede bei der generalisierten Reziprozität gegenüber der balancierten Reziprozität anzumerken. Zum einen findet keine sofortige Erwiderung des Gefallens statt und zum anderen ist auch nicht sichergestellt, dass die Person, die einen Gefallen von mir erhalten hat, diesen auch wieder kompensiert. Somit handelt es sich bei der generalisierten Reziprozität um eine asymmetrische Austauschbeziehung, welche einerseits gar keine ist, da kein direkter Austausch stattfindet oder da andererseits dieser mit einer anderen Person stattfindet (vgl. Putnam 1993a: 171f..).

Zur vertiefenden Darstellung der Normen der Reziprozität sowie der im nächsten Unterabschnitt folgenden Darstellung von sozialem Vertrauen nach Putnam wird an dieser Stelle auf die spätere Erörterung von Colemans (1988, 1995a) Handlungssystem verwiesen. An dieser Stelle soll noch ein besonderer Hinweis zu den Normen der Reziprozität eingefügt werden, der im Zusammenhang mit (ethnischen) Gemeinschaften von Putnam getätigt wurde. So weist dieser nach Angaben von Seubert (2009) darauf hin, dass sich, ähnlich wie bindende soziale Beziehungen, erst mit der Opposition zu etwas Äußerem die Normen der Reziprozität bilden können.

> „Die Bedeutung abgegrenzter sozialer Gruppen besteht ja gerade darin, dass in ihnen angenommen werden kann, auch etwas zurückzukriegen, weil die soziale Kontrolle hinreichend hoch ist" (Seubert 2009: 76, Fußnote 5).

Putnam (2000) selbst spricht in diesem Kontext von einem Paradoxon der Brüderlichkeit: „Fraternity is most natural within socially homogeneous groups" (361). Seubert (2009) fragt dabei nach einer „[…] Bezugsgruppe, [die] jeweils in der Lage ist, einen relevanten Verpflichtungshorizont zu schaffen", um generalisierte Normen der Reziprozität zu produzieren (77).

3.2.2.2 Vertrauen

Auch beim Vertrauen differenziert Putnam ebenfalls in dichotome (Sub-)Dimensionen: zum einen in Thick Trust (personales Vertrauen) und zum andern in Thin Trust (soziales Vertrauen). Thick Trust entsteht dabei aus engen und regelmäßigen Interaktionen, während Thin Trust als generalisiertes Vertrauen etwa in Bekanntschaften oder auch zum Teil sogar zwischen unbekannten Personen charakterisiert werden kann. Putnam geht von der Annahme aus, dass sich soziales beziehungsweise generalisiertes Vertrauen aus personalem Vertrauen entwickeln kann, wenn es nicht erodiert wird (vgl. Putnam 1993a: 168f.., 2000: 136f..). Allgemein argumentiert Putnam (1993a), dass Gesellschaften mit einem hohen Maß an sozialem Vertrauen einen größeren Beitrag zur allgemeinen Wohlfahrt erbringen (vgl. ebd., 2000: 21).

Aber „Putnam never offers a precise definition of trust" (Levi 1996: 46). So stellt Levi (1996) für Putnams soziales Vertrauen lediglich ein Konglomerat sozialer Beziehungen und Erwartungen fest, bei dem eine Differenzierung nach Adressaten des Vertrauens wünschenswert wäre (vgl. 47f.). Ebenso fügt Seubert (2009) hinzu, dass die putnamsche Perspektive des sozialen Vertrauens nicht zu erfassen vermöge, ob Kooperation aus Investitions- und Ertragsgründen oder aus der Bindung an Normen und daher aus Pflicht entstehe (vgl. 77). Wie schon angekündigt, wird zur vertiefenden Darstellung des Aspekts Vertrauen Colemans (1988, 1995a) Sozialkapitalansatz der Sozialtheorie zu Hilfe genommen. Aufgrund dessen und weil Putnam selbst auf Coleman verweist, wird dessen Verständnis von Handlungssystemen mit dem Blickpunkt der Vertrauensvergabe im darauf folgenden Abschnitt eingefügt. Zunächst soll aber auf den Zusammenhang zwischen den Sozialkapitaldimensionen eingegangen werden beziehungsweise erörtert werden, in welcher Relation diese zueinander stehen.

3.2.3 Zusammenhang zwischen den Sozialkapitaldimensionen

„[...] [S]ocial capital refers to connections among individuals – social networks and the norms of reciprocity and thrustworthiness that arise from them" (Putnam 2000: 19).

Demnach kommt Putnam, nach Ansicht von Zermli (2008) und Marx (2005), zu dem Schluss, dass ein Wirkungszusammenhang zwischen den Elementen des Sozialkapitals besteht. Dabei sind soziale Beziehungen (Netzwerke) der Ausgangspunkt für die kulturelle Dimension des Sozialkapitals. Dabei bleibt allerdings unbeantwortet, ob beide (Sub-)Dimensionen, also Vertrauen und die Normen der Reziprozität, gleichzeitig oder nacheinander bedingt werden, und wenn, dann bleibt offen, welche Subdimension hierbei möglicherweise welche (kausal) bedingt (vgl. Zmerli 2008: 43, Marx 2005: 103f.).

„The theory of social capital resumes that, generally speaking, the more we connect with other people, the more we trust them, and vice versa" (Putnam 1995a: 665).

Diese Aussage trifft nach Angaben von Putnam (1995a) besonders auf (ehrenamtliches) bürgerliches Engagement zu, wo „[…] social trust and civic engagemant are strongly correlated" (665, vgl. Abs. 3.1).

„Social trust in complex modern settings can arise from two related sources – norms of reciprocity and networks of civic engagement" (Putnam 1993a: 171).

Seubert (2009) weist kritisch darauf hin, dass die unterstellte Annahme der Übertragungsfähigkeit von der personellen auf die soziale Ebene in Zweifel gezogen werden müsse. Besonders die unterstellte kausale (Entwicklungs-)Richtung könne empirisch nicht belegt werden (vgl. Seubert 2009: 80, 111f..). Für Putnam ist hier noch soziales Vertrauen das Element, aus welchem sich die anderen beiden Aspekte des Sozialkapitals ergeben, wodurch soziales Vertrauen als zentraler Mechanismus des Sozialkapitals beschrieben werden kann. Eine Faktorenanalyse jedoch kommt zu dem Ergebnis, dass zumindest Netzwerke (soziale Beziehungen) und soziales Vertrauen nur schwach untereinander korrelieren (vgl. Franzen/Pointer 2007: 86). Vielmehr ist vom Gegenteil beim Vertrauen auszugehen. Personen mit einem hohen Maß an personellem Vertrauen zu ihnen bekannten Personen treffen eine klare Unterscheidung aller außen stehenden Personen. Somit ist eher davon auszugehen, dass sogar ein negativer Zusammenhang zwischen personellem beziehungsweise personenspezifischem[12] Vertrauen innerhalb der sozialen Beziehungen besteht, welches dadurch zu ebenfalls eher personenspezifischen Normen der Reziprozität führt (vgl. ebd.: 76f.). Insgesamt kann kein kausaler oder auch nur ein sich gegenseitig bedingender Zusammenhang zwischen allen drei Sozialkapitaldimensionen festgestellt werden.

---

[12] Unter personenspezifischem Verhalten subsumieren Franzen und Pointer (2007) Verhalten, welches auf einen bestimmten Personenkreis beschränkt ist. Dabei zeichnet sich der Personenkreis meistens durch ähnliche Merkmale aus (vgl. 76.).

Jedoch kann von einem sich gegenseitig (schwach) befördernden und behindernden Zusammenhang zwischen zwei (Sub-)Dimensionen ausgegangen werden (vgl. Franzen/Pointer 2007: 86f.). Hierbei befördern zum einen eher mehr soziale Beziehungen, soziales Vertrauen und umgekehrt. Zum anderen führt eher mehr soziales Vertrauen zu mehr generalisierten Normen der Reziprozität, wohingegen stark ausgeprägtes personelles Vertrauen zu personenspezifischen Normen der Reziprozität führt. Oder soziale Beziehungen und Normen der Reziprozität bedingen zusammen soziales Vertrauen, womit soziales Vertrauen die zentrale Dimension von Sozialkapital wird (vgl. ebd. 76–80, 85ff.).

3.3 Der Sozialkapitalansatz nach Coleman

„Social capital is defined by its function" (Colemann 1988: 98). Colemans Perspektive betrachtet die „[…] Idee des sozialen Kapitals einer Gesellschaft oder einer Gruppe zuerst über die Darstellung der Vertrauensvergabe in einem einfachen Zwei-Akteure-Handlungssystem" (Marx 2005: 55). Dieses Handlungssystem soll zum einen kurz in seiner Funktion dargelegt werden, um zum anderen daran anschließend die damit zusammenhängende Vertrauensvergabe in diesem darzulegen. Hier wird die Darstellung des hybriden theoretischen Konzepts des Sozialkapitals für diese Masterarbeit annähernd komplettiert.

3.3.1 Kooperative Handlungssysteme und Vertrauensvergabe

Das soziale Handlungssystem[13] Colemans geht von einem mindestens zwei Akteure umfassenden System aus. Akteur A verfügt über eine Ressource, mit der Akteur B mehr anfangen kann. Davon ausgehend, dass Akteur A Akteur B vertraut und er nicht wissentlich von einer einmaligen Transaktion ausgehen muss, überträgt Akteur A nun Akteur B diese Ressource in der Erwartung, belohnt zu werden. Dabei ist allerdings unklar, wann Akteur A eine Ressource von Akteur B zurückbekommt und ob diese äquivalent ist. Bei der Existenz eines weiteren Akteurs C geht Coleman davon aus, dass die Belohnung für Akteur A auch von Akteur C kommen kann und nicht zwangsläufig von Akteur B (vgl. Coleman 1988: 102f., 1995a: 306ff.). Normalerweise wird bei der

---

[13] Coleman (1995a) bezeichnet diese wörtlich als „[…] minimale Grundlagen für ein soziales Handlungssystem […]" (29).

Entscheidung für oder gegen die Beteiligung an der Handlung das Risiko mit einkalkuliert. Aus der Rational-Choice-Perspektive stellt Coleman ein Handlungssystem auf, das aus Erwartungen und Verpflichtungen besteht. Es wird eine Vorleistung gegeben, die zum einen die Erwartung auf eine Gegenleistung weckt, auf der anderen Seite aber zudem auch eine Verpflichtung, die Gegenleistung auch zu erbringen. Diese Gutschriften der Vorleistung können aus der Perspektive der Nutzenmaximierung auch absichtlich geschaffen werden, um mit dem Gegengefallen einen höheren Gewinn zu erzielen (vgl. ebd., 1995a: 309f..). Damit Sozialkapital, welches sich in einem solchen Handlungssystem aus Erwartungen, Verpflichtungen und Gutschriften entwickeln kann, auch dauerhaft (nachhaltig) funktionieren kann, ist ein weiteres Element unabdingbar. Dies lässt sich allgemein unter den Begriff des Vertrauens oder sozialen Vertrauens fassen (vgl. ebd. 1995a: 96). Coleman charakterisiert dabei vier Vertrauensvergabeoptionen in Vertrauensvergabesituationen, die nun folgend erörtert werden.

3.3.2 Vertrauensvergabesituationen und Handlungsoptionen

In einer Handlungssituation, in der die Vertrauensvergabe als Option eröffnet wird, muss als erstes ein Akteur A über eine Ressource verfügen, über die dieser frei walten kann. Demnach können sich vier verschiedene Vergabeoptionen ergeben. Erstens muss die Ressource zum Gewinn von Akteur A oder B oder beiden eingesetzt werden können. Zweitens verbessert der Vertrauensgeber (Akteur A) seine Position, wenn der Vertrauenserhalter (Akteur B) vertrauenswürdig ist, ansonsten sieht der Vertrauensgeber zwangsläufig von einer Transaktion ab. Drittens beinhaltet die eingebaute Zeitverzögerung eines erwarteten Gegengefallens, dass dieser unter Umständen unerfüllt bleibt (und dies trotz einer eigentlich gegebenen Vertrauenssituation). Viertens und letztens kann sich trotz einer gegebenen Vertrauenssituation das Fehlen einer Verpflichtung zur Gegenleistung ergeben (vgl. ebd.: 98f.). Der Unterschied zwischen drittens und viertes besteht darin, dass bei drittens sich die Unberechenbarkeit der Zeitverzögerung im Endeffekt zu Lasten des Vertrauensgebers entwickelt, wohingegen bei viertens die Verpflichtung zur Gegenleistung von vornherein nicht vorhanden war.

Auf der anderen Seite ergeben sich auch für den Vertrauenserhalter Akteur B mögliche Verhaltensoptionen. Zum einen kann dieser den einmaligen Gewinn einstreichen oder zum anderen auf zukünftige Kooperation bauen und so das in ihn gesetzte Vertrauen nicht enttäuschen, um sich zukünftigen Gewinn offenzuhalten. Des Weiteren erhöht sich durch wiederholte Vertrauensvergabe zwischen Akteur A und B quasi zwangsläufig der Gewinn für beide Seiten, da das einkalkulierte Risiko sich mit jeder weiteren kooperativen Handlung vermindert (vgl. ebd.: 108f., 124).

Damit aber überhaupt erst eine Handlungssituation zur Vertrauensvergabe entstehen kann, muss der Vertrauensgeber den ersten Schritt zum Vertrauensnehmer wagen, da andernfalls gar keine Vertrauensvergabesituation entsteht. Sollten in der Vergangenheit bereits gemeinsame kooperative Handlungen abgewickelt worden sein, so wird der Vertrauensgeber auf diese gemeinsame Erfahrungen zurückgreifen, um eine Entscheidung treffen zu können, ob eine Vertrauensvergabe angebracht ist. Coleman (1995a) spricht in diesem Zusammenhang von der Standardeinschätzung (vgl. 132). Wenn jedoch keine gemeinsame Vergangenheit vorliegt, kann der Vertrauensgeber nur auf Informationen von anderen Akteuren zurückgreifen. Dafür prüft der Vertrauensgeber die Vertrauenswürdigkeit des potenziellen Vertrauensnehmers, indem er sich Informationen über den Vertrauensnehmer zu beschaffen versucht. Interessanterweise ergibt sich die spätere Entscheidung über die Vertrauensvergabe (oder -nichtvergabe) an einen bis dato unbekannten Vertrauensnehmer aus den gesammelten Informationen und der Standardeinschätzung der vergangenen individuellen kooperativen Handlungen des Vertrauensgebers (vgl. ebd.: 110f..).

Seubert (2009) subsumiert zu Colemans Vertrauensvergabe, dass es deswegen rational sei, Systeme des Vertrauens aufzubauen, die sich durch vertrauensvolle Kontinuität in der Interaktion auszeichnen (vgl. 112). Ein eher geschlossenes Netzwerk mit einer hohen Dichte an sozialen Beziehungen erhöht somit die Häufigkeit, den Anreiz und damit die Wahrscheinlichkeit für Vertrauensvergabesituationen. Hierdurch werden die Kosten für die Informationsbeschaffung der Vertrauenswürdigkeit von Vertrauensnehmern gemindert und gleichzeitig die Verpflichtung zur Gegenleistung erhöht (vgl. Marx 2005: 58f., 116, ebd.: 112).

3.4 Ergänzungen zum Sozialkapitalansatz

Im folgenden und letzten Abschnitt des hybriden theoretischen Sozialkapitalansatzes sollen die bisherigen Ausführungen von Putnam und Coleman um zwei für die Analyse der ethnischen Gemeinschaften wichtige Aspekte von Diekmann (1993) und Seubert (2009) ergänzt werden. Dabei geht es im ersten Abschnitt zum einen um den Transfer der möglichen negativen Auswirkungen beziehungsweise Außenwirkungen von sozialen Beziehungen aus der strukturellen in die kulturelle Dimension des Sozialkapitals (vgl. Abs. 3.2.1.2–4). Wie bereits in Abschnitt 3.1.1 angedeutet, werden die positiven und negativen Externalitäten des Sozialkapitals in das hybride theoretische Konzept des Sozialkapitals dieser Masterarbeit eingefügt, um die befördernde oder verhindernde integrative Wirkung des in ethnischen Gemeinschaften gebildeten Sozialkapitals und zum anderen die (Aus-)Wirkung auf die Gesamtgesellschaft besser analysieren zu können.

3.4.1 Negative und positive Externalitäten des Sozialkapitals

Diekmann (1993) spricht im Zusammenhang mit der starken Fokussierung der Wissenschaft auf die positiven Externalitäten des Sozialkapitals von einer Art Sozialkapitalromantik, bei der gerne die negativen Externalitäten ausgeblendet würden (vgl. 31, o.ä. Seubert 2009: 79). Wie schon bei Putnams Darstellung deutlich wurde, gibt es auch Schattenseiten des Sozialkapitals (vgl. Abs. 3.2.1.3). In diesem Zuge weist Diekmann darauf hin, dass Coleman selbst einem Übermaß an Sozialkapital mehr negative als positive Externalitäten zurechnet (vgl. Diekmann 1993: 31). Ähnlich wie auch Coleman weist auch Seubert (2009) darauf hin, dass der Homogenisierungsdruck durch ein Zuviel an Sozialkapital und damit an sozialer Kontrolle eher zur Unterdrückung von Konflikten bis hin „[…] zur Abschottung sozialer Gruppen, zu Ethnozentrismus, Intoleranz, Vetternwirtschaft […]" führen kann (79).

Eine Besonderheit stellt das gleichzeitige Auftreten von positiven und negativen Externalitäten des Sozialkapitals dar, wie schon bei den bindenden und brückenschlagenden sozialen Beziehungen deutlich geworden sein sollte (vgl. Abs. 3.2.1.3). Jedoch sind positive und negative Externalitäten nicht nur bei der strukturellen Dimension, sondern auch in der kulturellen Dimension des Sozialkapitals zu erwarten. Seubert (2009) stellt in sozialen Gruppen zum einen positive interne und externe sowie zum anderen negative interne und externe Effekte des Sozialkapitals fest. Die positiven internen Effekte lassen sich mit der „[…] Fähigkeit und Gewohnheit der Kooperation, Pflichtbewusstsein und Verbindlichkeit, Solidarität [und] Vertrauen" zusammenfassen (Seubert 2009: 79). Daraus können sich positive externe Effekte des Sozialkapitals aus der sozialen Gruppe heraus und in die Gesellschaft hinein ergeben, welche von Seubert mit generalisierter Reziprozität und Vertrauen, „[…] Gemeinsinn, bessere[r] institutionelle[r] Performanz [und der] Förderung ökonomischer Entwicklung" beschrieben werden (ebd.). Auf der anderen Seite sind die negativen internen Effekte einer sozialen Gruppe mit der „[…] Unterdrückung von Konflikten, Meinungskonformität [sowie] moralischem Zwang" zu benennen (ebd.). Aus diesen internen negativen Effekten des Sozialkapitals können sich die negativen externen gesellschaftlichen Effekte der „[…] Abschottung sozialer Gruppen, Ethnozentrismus, Konfliktintensivierung, Exklusivität und Intoleranz [sowie] Korruption" möglicherweise entwickeln (ebd.).

3.4.2 Ziviles und unziviles Sozialkapital

Um eine bessere Unterscheidung in der kulturellen Dimension, gerade unter dem Eindruck der möglicherweise doppel- oder binnenintegrativen Wirkung des gebildeten Sozialkapitals treffen zu können, wird in diesem Abschnitt eine dichotome (Supra-)Dimension in die kulturelle Dimension des Sozialkapitals eingefügt. Die ergänzende Unterscheidung von zivilem und unzivilem Sozialkapital soll zum einen positive interne und externe sowie zum anderen negative interne und externe Effekte des Sozialkapitals in den ethnischen Gemeinschaften hervorheben.

Die unter anderem auch von Seubert (2009) vorgeschlagene Unterscheidung zwischen zivilem und unzivilem Sozialkapital wird von ihr als weitere Spezifizierung in Anlehnung an Putnams Gegensatz von bonding und bridging verstanden. Die additionale Verwendung dieser Unterscheidung ermöglicht „[…] auf der Ebene der Normen die Frage, inwieweit trotz aller internen Gruppenloyalität Normen generalisierter Reziprozität […]" auch gegenüber den Nichtmitgliedern der eigenen ethnischen Gemeinschaft angewendet werden, näher zu beleuchten (Seubert 2009: 122). Damit soll die (Außen-)Wirkung auf die Gesamtgesellschaft durch die Anwendung der Normen der Reziprozität und des Vertrauens, die in den ethnischen Gemeinschaften gebildet werden, besser erfassbar gemacht werden. Deutlicher wird diese Zuordnung, wenn das Pendant des unzivilen Sozialkapitals hinzugenommen wird. Zu diesem zählt die Beschreibung als „[…] Partikularisierung wechselseitiger Verpflichtungen [sowie als] Beschränkung auf Gruppenbezug" (ebd.).

Das unzivile Sozialkapital kann „[…] mit Blick auf die Gesamtgesellschaft in erster Linie [als] konfliktorientiert" beschrieben werden (ebd.: 125). Ziviles Sozialkapital und damit zivile Harmonie oder sozialer Frieden entstehen im Gegensatz dazu, „[…] wenn es allen Mitgliedern möglich ist als Gleiche unter Gleichen am gesellschaftlichen Leben teilzunehmen" (ebd.: 126). Ausgehend von der Annahme, dass ethnische Gemeinschaften eine soziale Gruppen bilden, entstehen in diesen zum einen positive interne und negative externe (gesamtgesellschaftliche) Effekte (Externalitäten) durch Binnenintegration sowie zum anderen negative (oder möglicherweise auch positive) interne und positive externe gesamtgesellschaftliche Effekte (Externalitäten) durch Doppelintegration.

Für die Verwendung dieser Unterscheidung in der Masterarbeit wäre sicherlich die Bezeichnung doppelintegratives und binnenintegratives Sozialkapital unter dem Eindruck der Fragestellung passender, jedoch kann die Differenzierung sowohl von zivilem und unzivilem als auch von zivilgesellschaftlich förderlichem und unförderlichem Sozialkapital verstanden werden. Hierdurch lässt sich der Bogen zur zivilgesellschaftlich förderlichen Wirkung und damit dem Nutzen von Doppel- oder Binnenintegration für die Gesamtgesellschaft jedoch leicht spannen, wodurch die Verwendung dieser begrifflichen Differenzierung dennoch sinnvoll erscheint.

4. Operationalisierung

Die komparative sowie deskriptive Analyse der Entstehung und Bildung von Sozialkapital in ethnischen Gemeinschaften soll zuerst anhand von sozialen Beziehungen als Grundbaustein von Netzwerken durchgeführt werden. Darauf aufbauend soll versucht werden, die sich durch diese bildenden und daraus ergebenden Normen der Reziprozität sowie des Vertrauens zu analysieren, um ihre Aus- und Außenwirkungen auf die Gesamtgesellschaft zu analysieren.

Anschließend an diesen Abschnitt sollen verschiedene Begriffe der Fragestellung der Masterarbeit definiert werden, um darauf aufbauend das operationale Untersuchungsfeld der sozialen Beziehungen vorzustellen.

4.1 Definitionen

Die Fragestellung der Masterarbeit lautete:

> *Unter welchen Bedingungen kann das in ethnischen Gemeinschaften gebildete Sozialkapital eine Doppelintegration ermöglichen oder verhindern und welche Wirkungen hat das in den ethnischen Gemeinschaften gebildete Sozialkapital auf die Gesamtgesellschaft?*

In der Analyse sollen unter dem Begriff *Bedingungen* zum einen *Bedingungen* zur Entstehung und Bildung von Sozialkapital in den beiden ethnischen Gemeinschaften verstanden werden. Zum anderen wird von kulturellen oder nicht-kulturellen Einflussfaktoren auf die *Bedingungen* zur Entstehung und Bildung von Sozialkapital in beiden ethnischen Gemeinschaften ausgegangen.

Aus der putnamschen integrationstheoretischen Sicht wird angenommen, dass das Sozialkapital, welches auf der individuellen und der Gruppenebene gebildet wird, eine Wirkung entfaltet, die auf die gesamtgesellschaftliche Ebene Auswirkungen hat (vgl. Abs. 3.1.2). Mit *Wirkungen* wiederum sind die gesamtgesellschaftlichen Außen- und Auswirkungen des in ethnischen Gemeinschaften gebildeten Sozialkapitals gemeint. Kann zum Beispiel unter der Annahme einer ermöglichenden oder verhindernden, doppelintegrativen Funktion des in ethnischen Gemeinschaften gebildeten Sozialkapitals eine Wirkung auf die Gesamtgesellschaft, in Form von positiven oder/und negativen Externalitäten, festgestellt werden?

Der Begriff *ethnische Gemeinschaften* umfasst die beiden Gemeinschaften der in Deutschland lebenden Italiener und Türken jeweils separat. Bei der Analyse wird keine Rücksicht auf eine Unterscheidung von Mitgliedern der beiden ethnischen Gemeinschaften im Hinblick auf deren aktuelle oder vorherige Staatsbürgerschaft genommen. Es wird jedoch eine Differenzierung im Hinblick auf einen vollen oder halben Migrationshintergrund berücksichtigt. Unter vollem Migrationshintergrund soll verstanden werden, dass beide Elternteile (sowie möglicherweise schon die Großeltern) ausländischer bzw. nichtdeutscher Herkunft sind. Unter halbem Migrationshintergrund wird die teilweise beziehungsweise anteilige Herkunft der Eltern oder Großeltern aus Deutschland beziehungsweise dem Ausland verstanden. Zudem wird eine generations- und geschlechtsspezifische Differenzierung beider Gemeinschaften vorgenommen, um divergierende Sozialkapitalausprägungen eingehender analysieren zu können.

Unter *Doppelintegration* soll lediglich ein Aspekt der Sozialintegration verstanden werden, da eine Analyse aller Formen der Sozialintegration[14] in dieser Masterarbeit nicht geleistet werden kann. Somit soll *Doppelintegration* in dieser Masterarbeit definiert werden als: die bidirektionale Interaktionsausrichtung von sozialen Beziehungen in die eigene ethnische Gemeinschaft und in die Gesamtgesellschaft mit nicht selektiver Internalisierung von Normen der Reziprozität und mit sozialem Vertrauen.

Mit *Gesamtgesellschaft* werden alle Nichtmitglieder der eigenen ethnischen Gemeinschaft bezeichnet, also auch möglicherweise Mitglieder anderer ethnischer Gemeinschaften in der Gesamtgesellschaft.

4.2 Operationale Analysefelder der sozialen Beziehungen

„[…] The selection of a research strategy, however, is not completely determined by the preferred conceptualization of social capital and many options are open to the creative researcher. The rang of opportunities available reflects the broad and abstract character of the concept of social capital as mainly defined by its functions" (Van Deth 2008: 153f.).

Besonders bei der quantitativen Datenakquisition sind empirische Studien „[…] characterized by the dominant position of pooling methods […]. Underdeveloped is the use of mixed-method approaches – or even multi-item measurements – in order to arrive at more valid and more reliable measures of social capital" (ebd.: 165). Um eine gelungene Analyse der strukturellen Dimension des Sozialkapitals vornehmen zu können, soll eine Unterteilung nach verschiedenen dichotom-dimensionalen und subdimensionalen Formen von informellen sozialen Beziehungen vorgenommen werden (vgl. Abs. 3.2.1.2–4). Für die Analyse der kulturellen Dimension des Sozialkapitals bedarf es keiner weiteren Modifizierung des vorgestellten hybriden

---

[14] Hartmut Esser (2001) unterscheidet vier Dimensionen der Sozialintegration, die wiederum in drei bis vier Subdimensionen untergliedert sind (vgl. 8–16).

theoretischen Sozialkapitalansatzes, sodass dieser aus den theoretischen Abschnitten übernommen werden kann (vgl. Abs. 3.2.2–3.4.2, Anh. 9.1).

Die informellen sozialen Beziehungen werden in eine verwandtschaftliche und eine nichtverwandtschaftliche Form unterteilt (vgl. Anh. 9.2). Hiermit wird zum einen die Besonderheit der beiden ethnischen Gemeinschaften in Bezug auf die Binnenintegration und zum anderen das unterschiedliche Verständnis von verwandtschaftlichen sozialen Bindungen berücksichtigt werden, welches im Abschnitt 5.2 zur Binnenintegration dargestellt wird. Vorweggenommen sei an dieser Stelle, dass eine weitere Differenzierung der verwandtschaftlichen Formen in kernfamiliäre und großfamiliäre soziale Beziehungen notwendig sein wird (vgl. Anh. 9.2). Ebenso wird eine weitere Differenzierung der nichtverwandtschaftlichen Formen als sinnvoll erachtet, wobei zwischen freundschaftlichen und bekanntschaftlichen sozialen Beziehungen unterschieden werden soll. In allen Subausprägungen von sozialen Beziehungen kommen die drei aus dem theoretischen Teil bekannten dichotomen Subdimensionen[15] der horizontalen und vertikalen, bindenden und brückenschlagenden sowie starken und schwachen sozialen Beziehungen zur Anwendung (vgl. Abs. 3.2.1.2–4, Anh. 9.2).

4.3 Gelegenheitsstrukturen im Analysefeld

Gelegenheitsstrukturen erleichtern es Individuen, soziale Beziehungen eingehen, aufbauen und unterhalten zu können. Diese können zum Beispiel als Arbeitsplatzbeziehungen über die Arbeitszeit hinaus oder auch als Nachbarschafts-, Bekanntschafts- und Freundschaftsbeziehungen bezeichnet werden. Dabei soll die „[…] Gelegenheitsstruktur, die die Wahrscheinlichkeit von Kontaktaufnahme beeinflusst […]“, nicht nach Feldern wie „[…] Wohnort, Schule, Arbeitsplatz […]“ unterschieden werden (Haug 2002: 398). Dennoch werden diese Felder in der Analyse betrachtet werden, wobei die Gelegenheitsstrukturen dabei nach den im operationalen Analysefeld strukturierten Formen und Subausprägungen von sozialen Beziehungen mit einfließen (vgl. Abs. 4.2). Es wird davon ausgegangen, dass die „[…] Beherrschung von kulturellen Fertigkeiten […] [wie] Sprachfähigkeit, schulische Bildung oder berufliche

---

[15] Zur besseren sprachlichen Unterscheidung wird im weiteren Verlauf der Analyse die dichotome Differenzierung aus dem theoretischen Teil weiterhin als Subdimension und die Dichotomien aus dem operationalisierten Analysefeld werden im Weiteren als Subausprägungen bezeichnet.

Platzierung […] die Ressourcenausstattung [und] somit die Gelegenheitsstruktur für Kontakte […]" mitbestimmen (Haug 2003b: 732).

Diese ist allerdings nur als eine unbeabsichtigte Nebenfolge oder als eine Einfluss nehmende Folgewirkung der drei kulturellen Fertigkeiten zu bezeichnen, die in dieser Masterarbeit als Integrationsindikatoren eingefügt werden (vgl. Abs. 5.1.1–3). Hinzu kommen selbstverständlich weitere Determinanten der Gelegenheitsstruktur, die in den dazu passenden Abschnitten erörtert werden.

5. Forschungsfeld der Integration

Das Thema Integration von Migranten ist in der Wissenschaft zu einem festen Bestandteil geworden. Ebenso wurde schon eine Vielzahl von Studien von Instituten durchgeführt und zum Teil von der Bundesregierung beziehungsweise von Bundesämtern in Auftrag gegeben, um Integration wissenschaftlich zu erfassen (vgl. Abs. 1).

> „Integration lässt sich allgemein als ein gegenseitiger Prozess der Angleichung zwischen Menschen mit Migrationshintergrund und schon ansässige Bevölkerung beschreiben" (BIBE 2009: 9).

Die Indikatoren(bereiche) zur Bestimmung des Integrationserfolges sind dabei zumeist primär der Spracherwerb und/oder der (formale) Bildungserfolg und sekundär das erreichte Einkommen oder allgemeiner die Erwerbstätigkeit(-squote) (vgl. BIBE 2009; BAMF 2010). Der tertiäre Indikatoren(bereich) wird zumeist als gesellschaftliches Engagement beziehungsweise Teilhabe oder auch als Aktivität im Freizeitbereich bezeichnet (vgl. ebd.). Der Forschungsschwerpunkt und damit auch relativ gut erforscht sind die beiden zuerst genannten Bereiche, wohingegen der „[…] zeitlich nachgelagerte Aspekt der Integration […]" bisher noch nicht im Mittelpunkt der Integrationsforschung stand (Haug 2003b: 717). Zumeist wird in den Publikationen der Zustand der Integration beschrieben, indem Integrationsverlierer oder schwer zu integrierende ausländische Bevölkerungsgruppen bestimmt werden (vgl. BIBE 2009: 7).

Kritisch anzumerken ist, dass dadurch die Stereotypisierung von Migranten verschiedener Herkunft gefördert und damit Vorurteile gegenüber den Migranten zum Teil manifestiert werden. Thränhardt (2000) weist zum Beispiel darauf hin, dass in Studien die ethnische Gemeinschaft der Italiener ähnlich „suboptimale Ergebnisse" erzielt wie die der Türken, wobei jedoch die Aufmerksamkeit der Öffentlichkeit auf die größere Gruppe der Türken gerichtet bleibt (vgl. Thränhardt 2000: 24).

5.1 Forschungsstände der Integration

Im Folgenden sollen in diesem Abschnitt kurz die Integrationsergebnisse der beiden ethnischen Gemeinschaften, mit dem Fokus auf die für die Gelegenheitsstrukturen von sozialen Beziehungen interessanten Indikatoren, dargelegt werden. Hierdurch sollen zum einen nochmals die Ähnlichkeiten in den Integrationsergebnissen der beiden ethnischen Gemeinschaften in dem primären und sekundären Indikatorenbereich beschrieben werden und zum zweiten haben einige Indikatoren eine möglicherweise binnen- und/oder doppelintegrative Wirkung bei dem zu analysierenden Sozialkapital.

> „Ethnische Unterschiede in der sozialen Integration lassen sich weitgehend auf [allgemeine] Integrations-Faktoren zurückführen, die eng damit in Zusammenhang stehen" (Haug 2002: 418).

Mit Bezug auf die zuletzt erschienene Studie „Fortschritte der Integration" (2010) des Bundesamts für Migration und Flüchtlinge werden nun einige Indikatoren zu Sprachkompetenz, Bildung und Erwerbstätigkeit der beiden ethnischen Gemeinschaften dargestellt. Die ersten beiden Bereiche Sprachkompetenz und Bildung werden als „[…] Schlüsselfaktoren der Integration bezeichnet […]", die wiederum kausal den dritten hier vorzustellenden Indikator Erwerbstätigkeit beeinflussen können (BAMF 2010: 79).

5.1.1 Integrationsindikator Sprachkompetenz

Die Beherrschung der deutschen Sprache wurde in vier Unterkategorien unterteilt, die in drei Ausprägungen gemessen wurden (vgl. ebd.: 103–114). Beim Hörverständnis von Deutsch stuften 63 % der türkischen und 81 % der italienischen Befragten dieses als gut oder sehr gut ein, während nur 4 % der italienischen Befragten, aber drei mal so viele der türkischen Befragten dieses als gar nicht vorhanden bis schlecht einstuften. Nach Geschlecht unterschieden wird bei türkischen Frauen ein um 10 % geringeres Hörverständnis deutlich, während es bei den italienischen Frauen äquivalent zu den italienischen Männern bleibt (vgl. ebd.: 108–12). Die zweite Kategorie der Sprachfähigkeit offenbarte einen ähnlichen Abstand zwischen türkischen (56%) und italienischen (75%) Befragten, auf etwas niedrigerem Niveau, wobei gar keine oder eine schlechte Sprachfähigkeit bei türkischen (18%) Befragten ebenfalls drei Mal so hoch lag als bei italienischen (6%) (vgl. ebd.). In der dritten Kategorie der Lesefähigkeit sinkt sowohl die türkische (53%) als auch die italienische Befragungsgruppe (64 %) auf ein niedrigeres Niveau ab, wobei sich der Abstand im Vergleich zu den ersten beiden Kategorien halbiert (vgl. ebd.: 109). Auch die Ausprägung, gar keine bis schlechte Lesefähigkeit zu besitzen, steigt bei Türken (29%) und Italienern (14%) im Vergleich zu den beiden vorherigen Kategorien deutlich an, wobei der Abstand nur noch doppelt so hoch ist (vgl. ebd.). In der vierten Kategorie des Schreibvermögens stuft sich nicht einmal die Hälfte, 44% der türkischen und 48% der italienischen Befragten, in die Ausprägung gut oder sehr gut ein, wobei der Abstand sich zudem deutlich verringert (vgl. ebd.). In der Ausprägung gar kein bis schlechtes Schreibvermögen wird der Abstand wieder größer, wobei diese Kategorie bei den türkischen Befragten mit 40 % (25 %) deutlich angewachsen ist, während zudem bei den italienischen Befragten noch mehr als ein Viertel das eigene Schreibvermögen als mittelmäßig einstuft (vgl. ebd.). Wiederum nach Geschlecht differenziert offenbart sich ein anderes Bild, bei dem die italienischen Frauen mit 55 % vor den türkischen Männern mit 48 % und den danach folgenden italienischen Männern (47 %) sowie den türkischen Frauen mit 39 % liegen.

5.1.2 Integrationsindikator Bildung

Der Vergleich des höchsten schulischen Bildungsabschlusses, wiederum in vier Unterkategorien unterteilt, stellt sich bei türkischen und italienischen Befragten als ziemlich homogen dar. So haben 13 % der türkischen Befragten und 11 % der italienischen Befragten keinen Schulabschluss. Eine niedrige (61 % / 60%) oder mittlere (16% / 16 %) Schulbildung können ungefähr gleich viele Befragte vorweisen. Lediglich bei einer hohen Schuldbildung liegen die türkischen Befragten mit 10 % geringfügig hinter den italienischen Befragten mit 12 % (vgl. ebd.: 81–84).

Im Grunde schon kausal hängt damit die ebenfalls eher negativ zu bewertende Ausprägung von Berufsausbildungsabschlüssen zusammen. So haben 67 % der türkischen Befragten und 57 % der italienischen Befragten keine Berufsausbildung im dualen oder universitären Bereich oder einen äquivalenten Abschluss. Mit 1% bzw. 2 % sind die Hochschulabschlüsse eine absolute Seltenheit in beiden Gruppen. Bei den Frauen wird das Bild noch weiter verzerrt, indem 61 % der italienischen und mehr als drei Viertel der türkischen Frauen (78 %) keine abgeschlossene Ausbildung haben (vgl. ebd.). Der am Anfang dieses Absatzes angedeutete kausale Zusammenhang zwischen fehlenden schulischen Bildungsabschlüssen und daran anschließenden berufsqualifizierenden Bildungsabschlüssen wird durch zwei geschlechtsspezifische Gründe unterminiert (vgl. ebd.: 100f..). Während über die Hälfte der männlichen Befragte beider Gruppen angeben, dass sie sofort richtig Geld verdienen wollen, wird als zweithäufigster Grund angegeben, dass eine Ausbildung im Herkunftskontext unüblich wäre. Bei den weiblichen Befragten beider Gruppen wird der zweithäufigste Grund der männlichen Befragten als Erstes genannt. Hinzu kommen aber weitere Gründe wie Kinderbetreuung, erfolglose Lehrstellensuche und die Ablehnung einer Ausbildung durch die Eltern (vgl. ebd.). Für die türkische Gemeinschaft resümiert das Berlin-Institut für Bevölkerung und Entwicklung in der Studie „Ungenutztes Potenzial" (2009): „Ihnen fehlen verbindende Elemente zur Aufnahmegesellschaft – vor allem im Hinblick auf die Bildungskultur der einheimischen Mittelschicht" (82).

5.1.3 Integrationsindikator Familien- und Erwerbstätigkeit

Die Erwerbstätigkeit der Befragten beider ethnischer Gemeinschaften ist zum einen selbstverständlich vom Lebensalter abhängig, aber zum anderen ebenso wie die schulische oder berufsqualifizierende Ausbildung abhängig vom Geschlecht. Bei den männlichen Befragten befinden sich bei den türkischen und auch bei den italienischen Befragten jeweils 17 % im Rentenalter. Bei den männlichen türkischen Befragten befinden sich ebenso viele in schulischer Ausbildung (17 %), wobei unter den italienischen Befragten 6 % sich in einer schulischen Ausbildung befinden (vgl. ebd.: 122–6). Ebenso ist der Prozentsatz der in beruflicher Ausbildung befindlichen türkischen (10 %) und italienischen (8 %) Befragten ebenfalls nur geringfügig unterschiedlich (vgl. ebd.). Von den männlichen türkischen Befragten sind 48 % erwerbstätig (davon 5 % als Selbstständige), wohingegen bei den italienischen Befragten 62 % einer Teil- oder Vollzeitbeschäftigung (davon 9 % als Selbstständige) nachgehen (vgl. ebd.).

Bei den weiblichen Befragten ergibt sich ein heterogeneres Bild der Erwerbstätigkeit, bei dem 43 % der türkischen und 23 % der italienischen befragten Frauen Familienarbeit leisten. Bei der außerhäuslichen Erwerbstätigkeit sind gerade einmal 23

% der türkischen Frauen berufstätig, wohingegen 42 % der italienischen Frauen einer Erwerbstätigkeit nachgehen (vgl. ebd.). Aufgrund des höheren Anteils an Familienarbeit und des höheren Anteils an Teilzeitbeschäftigung in beiden weiblichen Befragungsgruppen (12 % bei den türkischen und 20 % bei den italienischen Befragten) liegt das Erwerbseinkommen sehr weit auseinander, sodass ein Vergleich nur eine sehr verzerrte Auskunft über das verfügbare Haushaltseinkommen geben könnte (vgl. ebd.: 137–41). Wegen des geringeren Anteils Erwerbstätiger unter den männlichen und weiblichen türkischen Befragten kann lediglich auf ein „[…] vergleichsweise geringes Nettoeinkommen […]" in Bezug auf die italienischen Befragten beider Geschlechter geschlossen werden (ebd.: 140).

5.2 Forschungsfeld der Binnenintegration

In der von Elwert (1982) mit dem Begriff der Binnenintegration verknüpften These geht dieser davon aus, dass ethnisch homogene Gemeinschaften als eine Art Integrationskatalysator wirken können. Unter Integration versteht Elwert ein Konzept, bei dem eher die sozialstrukturellen Merkmale im Vordergrund stehen, mit dem erwünschten Ziel der „[…] Teilhabe an den gesellschaftlichen Gütern" (Elwert 1982: 719). Seiner Auffassung nach kann (1) *Selbstbewusstsein* erst durch eine gelungene Integration in die eigenethnische Gemeinschaft als Voraussetzung für die Interaktion mit der Aufnahmegesellschaft geschaffen werden, indem (2) durch *Alltagswissen* erst die notwendigen Kompetenzen für die Interaktion vermittelt werden und (3) durch *Pressure-Groups* eigenethnische Organisationen zudem erst eine wirkliche gesellschaftliche Partizipationsmöglichkeit der Zugewanderten ermöglichen (vgl. ebd.: 718–722).

An dieser Stelle soll die Binnenintegrationsthese nochmals spezifischer mit dem Blick auf die Möglichkeit einer dadurch gegebenen Doppelintegration erörtert werden. Esser (2001b) betrachtet die Integration in die eigenethnische Gemeinschaft ebenfalls, wie Elwert, als primären Anlaufpunkt zugewanderter Migranten, da diese hierdurch schwerwiegende Probleme (besonders direkt nach der Einwanderung) besser bewältigen können. Jedoch finde der von Elwert prognostizierte Verlauf des Integrationsprozesses zur Gesamtgesellschaft hin kaum empirisch belegt statt. Vielmehr könne beobachtet werden, dass die Tendenz zur sozialen Integration nach einer gelungenen

Binnenintegration in die eigenethnische Gemeinschaft deutlich abnimmt (vgl. ebd.: 40f.). Denn zum einen bieten (große) ethnische Gemeinschaften in einer Aufnahmegesellschaft (meistens) alle Voraussetzungen, um ein gesichertes Leben in diesen führen zu können, und zum anderen wird der erlebte Kulturschock der Migration damit ungemein abgemildert. Dementsprechend kommt Esser zu dem Urteil, dass die Binnenintegration in die eigenethnische Gemeinschaft die soziale Integration in die Aufnahmegesellschaft nicht fördere, sondern im Gegenteil sogar eher verhindere (vgl. ebd.: 41). Zudem könne durch die Binnenintegration von Migranten auch die soziale Integration der Folgegeneration(en) in die Aufnahmegesellschaft be- oder gar verhindert werden. Kritisch betrachtet, bemerkt Esser, müsse Binnenintegration als attraktivere (Alltagslebens-)Alternative zur Gesamtgesellschaft bezeichnet werden (vgl. ebd.: 25f., 29).

> „[…] [They] can choose the relatively safe and comfortable course of pursuing whatever opportunities exist within the group; or, to the extent that the majority group permits, they can take the more adventuresome and lonely course of leaving the group to climb the trunk" (Wiley 1970: 400).

Dieses mit dem Begriff der Mobilitätsfalle beschriebene Phänomen von Wiley wird nach Meinung von Nauck et al. (1997) in der Entscheidung auch von dem verfügbaren Sozialkapital in den ethnischen Gemeinschaften beeinflusst. Demnach ist die „[…] Doppeloption der bikulturellen Integration […]" zum einen abhängig von dem individuell vorhandenen kulturellen (oder Human-)Kapital (und damit zum Beispiel der Mobilität auf dem Arbeitsmarkt) und zum anderen von dem Ausmaß an vorhandenem Sozialkapital (Nauck et al. 1997: 482). Mit dem Ausmaß an Sozialkapital ist die Ausprägung der sozialen Beziehungen in die ethnische Gemeinschaft und die Gesamtgesellschaft, also die ethnische Homogenität und damit verbunden die strategische Bedeutung[16] der individuellen Ressourcenausstattung, gemeint (vgl. ebd.).

Im Kontext der Binnenintegration soll an dieser Stelle auf einige Besonderheiten eingegangen werden, wie schon im Abschnitt 4.2 angedeutet. Mit dem Mittelmeer-Modell, das auf Italiener, aber auch auf Türken angewendet werden kann, werden in den (vornehmlich den Erziehungs-)Wissenschaften die für Südeuropa typischen Merkmale von Familien subsumiert bezeichnet. Zwei prägende Beschreibungen sind dabei die Spezifität und die Verspätung in der Familienentwicklung im Vergleich zum

---

[16] Von Nauck et al. (1997) begrifflich als bestehende Opportunitäten bezeichnet (vgl. 482).

kontinuierlich-kontinentalen Modell Europas (vgl. Zanatta 2009: 64ff.). Mit Spezifität wird im südländischen Familienkonzept ein ganzes „[…] Bündel historischer und religiöser Gründe der Familienbande […]" beschrieben, die eine spezifische Kraft und Wichtigkeit ausstrahlen, wie dies anderswo in Europa nicht gegeben zu sein scheint (ebd.: 65). Unisono geht damit die zweite genannte Beschreibung der Verspätung einher, wobei diese zwei Phänomene impliziert: zum einen die entschleunigte Veränderung des traditionellen südländischen Familienmodells, bei dem Einflussfaktoren wie „[…] die Emanzipation der Frau durch ihre Arbeitstätigkeit, der Anstieg der Scheidungen, […] und [das] Auftreten neuer Familienformen […]" nur zeitverzögert ihre Wirkung entfalten (ebd.); zum anderen und damit einhergehend die Unveränderlichkeit der zentrifugalen Kraft der Ursprungsfamilie beziehungsweise des familiären Kerns mediterraner Familien. Darunter wird der ausbleibende oder marginal auftretende Individualisierungsprozess, zum Beispiel beim Auftreten neuer Familienformen, verstanden.

Eine Konsequenz daraus sind immer noch beständige „[…] Solidaritätsbeziehungen innerhalb von Familien und der Verwandtschaft, [die] immer noch stark […]" sind und nicht unterschätzt werden sollten (ebd.: 66). Diese kurze Erörterung der typischen Merkmale mediterraner Familien wird bei der Analyse der verwandtschaftlichen, aber auch der nichtverwandtschaftlichen sozialen Beziehungen eine wichtige Rolle spielen und vertiefend analysiert werden. Gerade die kulturelle Dimension des Sozialkapitals wird, wie die Analyse zeigen wird, von der strukturellen Dimension beeinflusst, sodass eine gesonderte Betrachtung notwendig erscheint.

Mit Bezug auf das eben dargestellte Mittelmeer-Modell weisen Nauck und Kohlmann (1998) im Kontext der Binnenintegration bei deren empirischer Erforschung kritisch auf eine operationale Ungenauigkeit hin.

> „Verwandtschaftsbeziehungen werden in solchen Analysen ethnischer Kolonien allenfalls beiläufig erwähnt, wobei – zumeist implizit – davon ausgegangen wird, daß Familien-, Verwandtschafts- und intraethnische Beziehungen weitgehend strukturgleich sind, so daß es für solche Analysen dann gerechtfertigt erscheint, subsumptiv zu verfahren und Verwandtschaftsbeziehungen keine gesonderte Beachtung zu schenken" (Nauck/Kohlmann 1998: 204).

Ein solcher Fehler soll in dieser Masterarbeit vermieden werden, weshalb die schon im Abschnitt 4.2 vorgestellte Operationalisierung ausgewählt wurde. Das Verständnis von

Nauck und Kohlmann ist dabei nicht kontradiktorisch zu verstehen sondern läuft komplementär zum elwertschen Verständnis der Binnenintegration. Durch eine Diversifizierung der in ethnischen Gemeinschaften eingebetteten sozialen Beziehungen wird, nach Auffassung von Nauck und Kohlmann, lediglich das Analysedesign komplettiert (vgl. ebd.). „Familiale Bindungen hätten somit ähnliche Wirkungen wie ethnische Kolonien: Sie vermindern die Statusmobilität von Minoritäten durch die kurzfristige Anspruchserfüllung von selbstgenügsamen, sich institutionell vervollständigenden Kongregationen" (ebd.). Denn durch „[...] traditionelle askriptive Wertvorstellungen [...]", die primär im familiären (verwandtschaftlichen) Kontext vermittelt werden, und nicht, wie die Binnenintegrationsthese vermutet, in ethnischen Gemeinschaften, wird die eigentliche (Eingliederungs- oder Alltags-)Alternative zur gesamtgesellschaftlichen Integration geschaffen (ebd.).

Eine ethnische Gemeinschaft wirkt dabei als teilweise zusätzlich legitimierender Handlungsrahmen, dessen Präsenz den existenten „[...] Familialismus von Migranten und die wechselseitige Verkettung von Verwandtschaftsmitgliedern [...]" zudem verstärkt (ebd.). Mit großer Ausschließlichkeit können viele erbrachte sozialkapitale Leistungen in ethnischen Gemeinschaften in ihrer Konstellation auf Verwandtschaftsbeziehungen zurückgeführt werden, wohingegen sozialkapitale Leistungen von nicht verwandten Mitglieder der eigenen Gemeinschaft nicht dominant sind (vgl. ebd.: 204f.).

Die von Nauck und Kohlmann (1997) eingefügte Spezifizierung der Binnenintegrationsthese soll für die nun anstehende Analyse die kohäsive Funktion von familiären und auch verwandtschaftlichen (großfamiliären) sozialen Beziehungen und sukzessive deren sozialkapitale Leistungen hervorheben. Hierdurch soll die Binnenintegrationsthese als Vorstufe zu einer möglichen Doppelintegration nicht entkräftet werden, sondern vielmehr wird zudem weiterhin von der elwertschen Prämisse ausgegangen, dass eine Doppelintegration von Migranten durch primäre Binnenintegration geleistet werden kann (s.o.).

6. Analysefelder der sozialen Beziehungen

In den nun folgenden Abschnitten sollen soziale Beziehungen in den zwei verschiedenen Formen der verwandtschaftlichen und nichtverwandtschaftlichen sowie in den jeweiligen vier (Unter-)Formen der kern- und großfamiliären sowie freundschaftlichen und bekanntschaftlichen sozialen Beziehungen analysiert werden (vgl. Abs. 4.2, Anh. 9.2).

6.1 Verwandtschaftliche soziale Beziehungen

Schon Putnam (1995b) selbst betrachtete die (Kern- und Groß-)Familie als Urform, in der Sozialkapital entsteht (vgl. 73). Dem schließt sich Haug (2005a) an, indem sie als herausragendes Merkmal von Familienbeziehungen den „[…] hohen Grad an gegenseitiger Unterstützung […]" betont (196; o.ä. vgl. BMFSFJ 2000: 111, Nauck et al. 1997: 490; Nauck/Kohlmann 1998: 209). Im Rückgriff auf Nauck (1997) subsumiert sie, dass

> „Verwandtschaftsbeziehungen als besondere Form von sozialem Kapital zu sehen [sind]: Sie besitzen einen geringen Legitimationsbedarf, weisen einen hohen Grad an Multiplexität auf, sie unterliegen der sozialen Kontrolle und verhindern so Trittbrettfahrereffekte, sie lassen sich leicht remobilisieren und durch die zugeschriebene Mitgliedschaft in Verwandtschaftsnetzwerken wird die Übertragung von sozialem Kapital auf andere Personen begünstigt" (Haug 2005a: 196f.).

Dementsprechend schlussfolgert auch Haug (2002), ebenfalls im Rückgriff auf Nauck (1997), dass es sich bei der Binnenintegrationsthese eher um eine auf verwandtschaftliche und nicht so sehr auf ethnische soziale Beziehungen gestützte Integration in eine ethnische Gemeinschaft handeln könnte (vgl. Haug 2002: 398; Nauck et. al. 1997: 490). Auch im sechsten Familienbericht wird die Mutmaßung geäußert, dass die Bedeutung von ethnischen Gemeinschaften für den Eingliederungsprozess von Migranten überschätzt werde, „[…] weil ihnen die Leistungen zugeschrieben worden sind, die tatsächlich mit großer Ausschließlichkeit innerhalb von Verwandtschaftsbeziehungen erbracht worden sind […]" (BMFSFJ 2000: 111). Hervorgehoben werden mehrere Eigenschaften von Verwandtschaftsbeziehungen, welche so bei nichtverwandtschaftlichen sozialen Beziehungen nicht „von Natur aus" vorzufinden seien. Neben den von Haug angesprochenen Gründen im Zitat (s.o.) ist die

Ausprägung der (normalen) nichtverwandtschaftlichen Formen von bilateralen sozialen Beziehungen in ein multilaterales verwandtschaftliches soziales Beziehungsgeflecht positiv hervorzuheben (vgl. ebd.). Hierdurch besteht die seltene Chance, dem Problem der Vertrauensvergabe zu entgehen, wodurch auch die Normen der Reziprozität beträchtlich erhöht werden (vgl. Abs. 3.3.1–2). In welchem Ausmaß verwandtschaftliche und nichtverwandtschaftliche soziale Beziehungen zur Doppelintegration betragen können oder diese verhindern, wird nun im Folgenden zuerst für verwandtschaftliche soziale Beziehungen, separiert in kern- und großfamiliäre soziale Beziehungen, analysiert.

6.1.1 Kernfamiliäre soziale Beziehungen

In diesem Abschnitt sollen die sozialen Beziehungen in der Kernfamilie genauer analysiert werden. Dabei ist einerseits die Kernfamilie selbst nur peripher Bestandteil der Analyse, da bei der Wahl einer/eines potenziellen Reproduktionspartners angesetzt wird, wodurch andererseits die möglichen Gründe von ethnisch homogenen/heterogenen Partnerschaften oder Ehen in den ethnischen Gemeinschaften analysiert werden sollen. Es wird davon ausgegangen, dass kernfamiliäre soziale Beziehungen als starke Beziehungen bezeichnet werden können, wobei auch durch die Analyse die horizontale oder vertikale Dimension betrachtet wird. Bei der Wahl eines Partners einer anderen ethnischen Abstammung als der eigenen, wird von einem Aufbrechen der durch Abstammung bedingten Grenze zwischen Einheimischen und Zuwanderern ausgegangen. Dementsprechend wird die Partnerwahl beziehungsweise später eine mögliche Ehe mit einer deutschstämmigen Person aus einer der beiden ethnischen Gemeinschaften „[…] als ‚harte‘ Indikatoren der Integration bzw. sozialen Distanz[17] interpretiert […]" (Haug 2002: 398: o.ä. vgl. BMFSFJ 2000: 78f., BMI 2001: 229, BIBE 2009: 51).

Während bei dem integrativen Stellenwert von interethnischen Partnerschaften und Ehen noch weitgehend Einigkeit über die Eminenz dieses Indikators besteht, werden die Gründe für und auch die Auswahleffekte von interethnischen Ehen und Partnerschaften divergent beurteilt (vgl. ebd.). Der sechste Familienbericht berücksichtigt zur Messung

---

[17] Das Konzept der sozialen Distanz wird ab Abschnitt 6.2 eingehender erörtert werden, da die Relevanz bei freundschaftlichen und bekanntschaftlichen sozialen Beziehungen eher tragend ist. Robert E. Park versteht darunter „the grades and degrees of understanding and intimacy which characterize personal and social relations generally" (vgl. Steinbach 2004: 17, i.O. Park 1924: 339).

der Wahrscheinlichkeit von interethnischen Partnerschaften und Ehen vier Indikatoren.[18] Zum Ersten wird die ethnisch homogene (oder heterogene) (Ehe-)Partnerwahl von der Größe der ethnischen Gemeinschaft mitbestimmt, wobei zum Zweiten die Gleich- oder Ungleichverteilung der Geschlechter zudem mitberücksichtigt werden muss. Drittens wirkt sich die Existenz eines ethnisch (inter-)nationalen Heiratsmarktes[19] auf das Heiratsverhalten aus. Und viertens spielen selbstverständlich „normale" Selektionskriterien der (Ehe-)Partnerwahl eine ebenso wichtige Rolle (vgl. BMFSFJ 2000: 79).

Der Bericht der Unabhängigen Kommission „Zuwanderung" des Bundesinnenministeriums kommt bei dem Heiratsverhalten von Migranten zu der Schlussfolgerung, dass die Heirat einer in Deutschland geborenen Person mit Migrationshintergrund mit einer/m im Herkunftsland geborenen Ehepartner/in als gescheiterte bidirektionale Integration (also Doppelintegration) gewertet werden müsse. Durch den meist weiblichen Ehepartner aus dem Herkunftsland beginnt die (bidirektionale) Integration der nächsten Generation wieder an demselben Punkt wie bei der vorherigen Generation. Mit dem Umstand, dass die Erziehungs- und Familienarbeit zumeist von Frauen geleistet wird (vgl. Abs. 5.1.3), wiederholen sich die (Integrations-)Probleme wie zum Beispiel die Sprachfähigkeit, die über Generationen hinweg gewissermaßen weitervererbt werden (vgl. BMI 2001: 229). Von interethnischen Partnerschaften und Ehen gehen hingegen, nach Analysen des Berlin-Instituts für Bevölkerung und Entwicklung, positive doppelintegrative Effekte (für beide Partner) aus, welche besonders die Integration des nichtdeutschstämmigen Partners in die Gesamtgesellschaft fördern.

Diese als Synergieeffekte bezeichneten primär individuellen Vorteile machen sich in vielen Bereichen bemerkbar, wobei „[...] wahrscheinlich von einem wechselseitigen Prozess [...]" ausgegangen werden muss, der jedoch in der Analyse nur unidirektional

---

[18] Welche beeinflussende Rolle die Indikatoren der Partnerwahl bei den beiden ethnischen Gemeinschaften spielen, wird im nächsten Abschnitt noch eingehender erörtert. Im weiteren Verlauf der Masterarbeit werden die vier Indikatoren des sechsten Familienberichts als Selektionskriterien bezeichnet, um damit sprachliche Verwechselungen mit den im Abschnitt 5.1.1–3 vorgestellten Integrationsindikatoren zu vermeiden.

[19] Damit ist die Beschränkung der Wahl eines (Ehe-)Partners gleicher Herkunft gemeint. Hierbei kann dieser entweder aus dem nationalen Kontext, also der ethnischen Gemeinschaft in Deutschland, stammen oder aus dem internationalen Kontext, also meistens dem Herkunftsland (oder einem anderen (Einwanderungs-)Land mit einer der eigenen Herkunft entsprechenden ethnischen Gemeinschaft). Mit der „Wahl" dieses Indikators wird der Einfluss oder das Umgehen des vierten Indikators bei der Partnerwahl gleichgesetzt, welches sich zum Beispiel aus fehlenden Ressourcen ergeben könnte (vgl. BMFSFJ 2000: 79f.).

betrachtet wird (BIBE 2009: 51). Somit kann bei einem hohen Anteil interethnischer (Ehe-)Partnerschaften von einem hohen Anteil brückenbildender und bei einem hohen Anteil intraethnischer (Ehe-)Partnerschaften von einem hohen Anteil bindender sozialer Beziehungen ausgegangen werden.

6.1.1.1 Inter- und intraethnische Partnerschaften und Ehen

Zuerst soll ein Blick auf die soziale Wirklichkeit geworfen werden, um den tatsächlichen Anteil inter- und intraethnischer Partnerschaften und Ehen zu erfahren. Zu Beginn der Einwanderung der beiden ethnischen Gemeinschaften stellte sich für die so genannten Pionierwanderer auf dem Partnerschafts- und Heiratsmarkt in der deutschen Gesamtgesellschaft die Situation gegenüber der heutigen vollkommen anders da. In dieser Zeit waren besonders die ersten beiden Selektionskriterien aus dem sechsten Familienbericht zutreffend (vgl. Abs. 6.1.1). Zum einen war die Größe der ethnischen Gemeinschaften (noch) gering, sodass zum anderen der durch die primär männliche Arbeitsmigration der Pionierwanderer bedingte Männerüberschuss sich zudem in fehlenden intraethnischen Heiratsmöglichkeiten niederschlug (vgl. BMFSFJ 2000: 80).

Die zu Anfang einer Wanderungswelle (prozentual anteilig) „[…] vergleichsweise hohe Rate interethnischer Ehen, die dann mit zunehmender Nachwanderung von Verwandten zunächst absinkt […]", ist jedoch ein Phänomen, welches nicht untypisch ist und in vielen Einwanderungsländern beobachtet werden konnte (ebd.). Auf Grund dessen kann zu Anfang der Wanderungswelle nach Deutschland bei beiden Gemeinschaften nicht automatisch von einem positiven integrativen Effekt in die Gesamtgesellschaft ausgegangen werden. Vielmehr mangelte es an der Alternative einer unidirektionalen Binnenintegration auf Grund fehlender Strukturen durch die (noch) geringe Größe der jeweiligen ethnischen Gemeinschaft (vgl. Abs. 5.2).

Dementsprechend können die in der Vergangenheit geschlossenen interethnischen Ehen oder Partnerschaften (lediglich) als gute Grundlage zur Integration in die Gesamtgesellschaft betrachtet werden. Deren Bewertung als brückenbildende soziale Beziehungen in die Gesamtgesellschaft hinein, mit förderlicher (doppel-)integrativer Wirkung, würde einer Überinterpretation gleichkommen, da sie, besonders in absoluten, Zahlen gemessen an der Gesamtzahl der Eheschließungen in Deutschland, eine vernachlässigbare Menge darstellen (vgl. ebd.).

Über den Zeitverlauf seit 1960 bei den Italienern und ab 1970 bei den Türken zeigt sich erstens, dass Italiener eine fünf Mal höhere Wahrscheinlichkeit haben, eine deutsche Partnerin zu heiraten, als Türken (vgl. Haug 2002: 408). Zweitens sind interethnische Ehen in beiden ethnischen Gemeinschaften eine Männerdomäne (in absoluten Zahlen) (Schroedter 2004: 424). Die Zahlen der Ehen zwischen deutschen Männern und italienischen oder türkischen Frauen bleiben auf einem geringen Niveau, wohingegen die Zahl der Ehen zwischen deutschen Frauen und italienischen Männern in der Anfangsphase der Einwanderungswelle sprunghaft anstieg und seitdem auf annähernd gleich hohem Niveau verblieb. Bei den Ehen mit türkischen Männern war vom Anfang der Einwanderungswelle bis Ende der 70er Jahre lediglich eine geringe Anzahl von Eheschließungen festzustellen, wobei danach zwei Spitzen, Anfang der 80er und Anfang der 90er Jahre, folgten, die ebenso umgekehrt von proportionalen Senkungen begleitet wurden (vgl. BMFSFJ 2000: 81ff.).

Insgesamt kann festgehalten werden, dass der Anteil interethnischer Ehen zwischen deutschen Männern und italienischen oder türkischen Frauen kontinuierlich auf niedrigem Niveau[20] verbleibt, während der Anteil deutscher Frauen mit italienischen Männern kontinuierlich auf mittlerem Niveau[21] stagniert und derjenige türkischer Männer tendenziell sogar leicht rückläufig ist (vgl. ebd., Schroedter 2004: 424ff.). Demzufolge kann bei dem höheren Niveau von interethnischen Ehen in der italienischen Gemeinschaft von einem höheren Anteil an brückenbildenden sozialen Beziehungen ausgegangen werden.

6.1.1.2 Selektionskriterien für interethnische (Ehe-)Partnerwahl

Die Selektionskriterien von (Ehe-)Partnerschaften sollen im gegenwärtigen Abschnitten herangezogen werden, um im Besonderen damit zu versuchen, die zwei auffälligen Abweichungen bei den interethnischen Ehen näher zu analysieren. Zum einen ist die hohe Divergenz zwischen den Eheschließungen von türkischen und denjenigen von italienischen Männern mit deutschen Frauen augenfällig – sowie zum anderen das

---

[20] Von den italienischen Frauen waren in den 90er Jahren durchschnittlich 10–15 % mit einem Deutschen verheiratet. Mit einer türkischen Frau waren im gleichen Zeitraum 4–6 % der deutschen Männer verheiratet (die prozentuale Verteilung bezieht sich auf alle Eheschließungen der ausländischen Seite) (vgl. Schroedter 2004: 424ff., o.ä. BAMF 2010: 180ff.).
[21] Von den italienischen Männern waren 38–40 % und von den türkischen Männern waren 8–11 % mit einer deutschen Frau verheiratet (die prozentuale Verteilung bezieht sich auf alle Eheschließungen der ausländischen Seite) (vgl. ebd.).

geringe Niveau der Eheschließungen von türkischen Frauen mit deutschen Männern. Es muss davon ausgegangen werden, dass die beiden Selektionskriterien des internationalen Heiratsmarkts und der normalen Selektionskriterien einen größeren Einfluss auf die interethnische Partnerwahl zwischen Deutschen und Türken haben als zwischen Deutschen und Italienern, von der geschlechtsspezifischen Verteilung einmal abgesehen (vgl. Abs. 6.1.1.1). Wie im vorherigen Abschnitt deutlich wurde, kamen die ersten beiden Selektionskriterien[22] bei der Partnerwahl nur zu Beginn der Immigration der beiden ethnischen Gemeinschaften zum Tragen und wurden im Zeitverlauf neutralisiert (vgl. ebd.). Auf Grund dessen wird der weitere Fokus der Analyse in dem nächsten Abschnitt auf das dritte Selektionskriterium des internationalen Heiratsmarktes und darauf gerichtet, inwiefern dieser in der türkischen ethnischen Gemeinschaft zum Tragen kommt, sodass die hohe Quote an intraethnischen Ehen und Partnerschaften dadurch besser erklärt werden kann.

Mit Bezug auf die türkische Gemeinschaft stellt sich die Frage, ob die Existenz eines ethnisch internationalen Heiratsmarktes die hohe (prozentuale, anteilige) Zahl von intraethnischen (Ehe-)Partnerschaften erklären kann. Die Analyse eines ethnisch internationalen Heiratsmarktes der türkischen Gemeinschaft gestaltet sich auf Grund fehlender (genauer) Heiratsdaten jedoch schwierig. Wegen des gegebenen multioptionalen Wegs einer Heirat in Deutschland, im Herkunftsland oder im Ausland bei Konsulaten des Herkunftslandes sind keine statistischen Daten zu der (Gesamt-)Zahl der Hochzeiten erfasst worden. Zudem erschwert die möglich gewordene Einbürgerung die unbefristete Aufenthaltsdauer oder gegebenenfalls (noch) vorhandene Doppelstaatsbürgerschaft die nachträgliche statistische Erfassung dieser Daten (vgl. BMFSFJ 2000: 86f.). Die Selektion eines Ehepartners eigener Herkunft aus dem Herkunftsland wird als internationaler Heiratsmarkt (Heiratsmigration) im Vergleich zum nationalen Heiratsmarkt (gleiche Herkunft im Aufenthaltsland) bezeichnet. Im Rahmen des Ehegattennachzuges (zu türkischen Staatsangehörigen) nach Deutschland wird deutlich, dass dabei mehr Visa für Frauen ausgestellt wurden, „[…] was darauf schließen lässt, dass mehr in Deutschland lebende türkische Männer eine Frau aus der Türkei heiraten, als Migrantinnen einen in der Türkei lebenden Mann zum Ehemann nehmen" (ebd.: 88; vgl. BMI 2001: 229). Unter anderem daraus wird im sechsten Familienbericht geschlussfolgert, dass Männer der zweiten Generation

---

[22] Wobei das Selektionskriterium der Größe der ethnischen Gemeinschaft bei der Analyse der freundschaftlichen sozialen Beziehungen wieder herangezogen werden wird (vgl. Abs. 6.2.3).

„[…] nicht etwa eine höhere Bereitschaft zu exogamen Eheschließungen mit Frauen nicht-türkischer Herkunft [zeigen] […], sondern verstärkt im Gegenteil die Neigung zu einer innerethnischen Heirat mit einer Partnerin aus der Türkei" (ebd.: 87)

aufweisen. Da keine absoluten Zahlen bekannt sind, fällt es an dieser Stelle schwer, das Ausmaß der Neigung zu intraethnischen Ehen in Verbindung mit Heiratsmigration zu erörtern. Allerdings sind die Folgen der (gestiegenen) Neigung zur Heiratsmigration für eine mögliche Doppelintegration gravierend, da von einem höheren Anteil bindender sozialer Beziehungen ausgegangen werden muss (vgl. Abs. 6.1.1). Die Präferenz türkischer Männer, eine Ehefrau aus dem Herkunftsland (Heiratsmigration) zu wählen, anstatt eine Frau türkischer Herkunft, die in Deutschland geboren oder zumindest aufgewachsen ist, muss als Präferenz für bindende anstatt brückenbildender sozialer Beziehungen gewertet werden (vgl. Abs. 6.1.1).

Das vierte (normale) Selektionskriterium bei der Auswahl der (Ehe-)Partnerwahl und von freundschaftlichen sozialen Beziehungen wird nicht vertiefend analysiert werden können, da zum Beispiel individuelle Attraktivität ein zu subjektives Kriterium ist. Dennoch wird von der Annahme ausgegangen, dass freundschaftliche soziale Beziehungen das Potenzial zu partnerschaftlichen oder gar ehelichen Beziehungen in sich tragen könnten und demnach freundschaftliche soziale Beziehungen ebenso intrinsisch mit durch Selektionskriterien der Partnerwahl beeinflusst werden (vgl. Haug 2005a: 206f., 2005c: 259ff.). Im Kontext der freundschaftlichen sozialen Beziehungen wird an späterer Stelle in der Masterarbeit noch auf das Selektionskriterium der Homo- und Heterogenität und das Verständnis von freundschaftlichen sozialen Beziehungen eingegangen, wodurch peripher auf potenzielle (Ehe-)Partnerschaften ebenso Bezug genommen wird (vgl. Abs. 6.2.1.3–4).

6.1.1.3 Ethnisch-kulturelle Präferenz: Frühverheiratung

Abgesehen von dem geringeren Anteil vorhandener Sprachkompetenz[23] von türkischen Männern und Frauen sind wahrscheinlich in der türkischen ethnischen Gemeinschaft zusätzlich entweder weitere Selektionsmechanismen oder personell-kulturelle Bedingungen bei der Ehepartnerwahl, die in der ethnischen Gemeinde der Italiener

---

[23] Sonja Haug (2005a) konnte nur einen schwachen Zusammenhang bei der interethnischen Partnerwahl in Verbindung mit fehlenden Sprachkompetenzen finden (vgl. 213).

nicht zum tragen kommen, wirksam. Sonja Haug (2002; 2006b) konnte bei einer Befragung zur Akzeptanz von ausländischen beziehungsweise deutschen Partner/innen unter türkischstämmigen Migrant/innen eine hohe Zustimmung zu diesen finden. „Insgesamt lässt sich sagen, dass bei den Befragten relativ wenig Vorbehalte gegenüber ausländischen bzw. deutschen Partnern gemessen werden können […]", obwohl die Realität dazu fast umgekehrt proportional aussieht (2002: 403). Selbst bei türkischen Frauen ist die Zustimmung zu einer Partnerschaft mit einem Deutschen mit 62 % ungewöhnlich hoch, bei Männern lag diese sogar bei 81 % (vgl. Haug 2006b: 84). Die offensichtliche Diskrepanz, dass dennoch mehr als 90 % aller Erwachsenen der türkischen Gemeinschaft intraethnisch verheiratet sind, deutet auf einen exogamen Einflussfaktor gegenüber interethnischen Ehen hin (vgl. BIBE 2009: 7). Hierdurch wird die Frage aufgeworfen, ob es sich zum Beispiel um „[…] ethnisch-kulturell variierende individuelle Präferenzen […]" handelt (Haug 2002: 404). Die Häufigkeit von Ehen unter Berücksichtigung der Variable Alter als ethnisch-kulturell variierende individuelle Präferenz soll in dieser Masterarbeit als ethnisch-kulturell Präferenz hinzugezogen werden. Die Wahrscheinlichkeit einer (ersten) Heirat oder einer festen Partnerschaft ohne Trauschein ist im jungen Erwachsenenalter höher als später. Von möglichen späteren Scheidungen und Wiederverheiratungen abgesehen, liegt die Zeitspanne zur (Ehe-)Partnerwahl eng mit der schulischen und/oder beruflichen Ausbildungszeit zusammen, wodurch sich die Bildungshomogamie generell bei der (Ehe-)Partnerwahl und damit die Effizienz von Bildungsinstitutionen als Partnerschafts- und Heiratsmarkt erklären lassen (vgl. Haug 2005a: 206). Weshalb das Alter als ethnisch-kulturell variierende individuelle Präferenz in der türkischen Gemeinschaft zum Tragen kommt, wird nun im Folgenden verdeutlicht werden.

Einer Untersuchung von Bernhard Nauck (1997) zufolge ist das durchschnittliche Heiratsalter von türkischen Frauen in Deutschland mit 20,4 Jahren ähnlich dem im Heimatland geblieben, wobei die Frauen in der Türkei schon durchschnittlich mit 19,2 Jahren verheiratet sind. Mit 26 Jahren sind schon 90 % der türkischen Frauen verheiratet (vgl. Nauck 1997: 183). Auch im Jahr 2010 hat sich das Durchschnittsalter in der türkischen Gemeinschaft von Männern und Frauen mit 22,8 Jahren nicht sonderlich gesteigert. Zu berücksichtigen ist bei dieser Zahl noch, dass türkische Männer im Durchschnitt 3,4 Jahre älter sind als ihre Ehepartnerin, sodass ein geringerer Anstieg angenommen werden muss, als sich numerisch auf den ersten Blick ergibt (vgl.

BAMF 2010: 185f..). Unter Hinzunahme der Fertilität von türkischen Frauen kann festgehalten werden, dass die Verheiratung in der türkischen Gemeinschaft (quasikausal) einhergeht mit der Geburt des ersten Kindes. So sind Türkinnen im Durchschnitt gerade einmal 22,2 Jahre alt (vgl. ebd.: 192). Im Rückschluss auf Bildungsinstitutionen als effizienten Heiratsmarkt von (Ehe-)Partnern allgemein kann bei türkischen Frauen und Männern festgehalten werden, dass diese ihre Funktion quasi nicht ganz entfalten können, um die Wahrscheinlichkeit einer interethnischen Heirat zu erhöhen, da der Ausstieg aus dem Bildungsweg bei türkischen Frauen relativ früh stattfindet.

Die hohe Zahl von Frauen und Männern türkischer Herkunft ohne Berufsausbildung kann, abgesehen von fehlender schulischer Qualifikation zur Erlangung eines Ausbildungsplatzes, besonders bei Frauen ebenso mit der frühen Verheiratung und damit quasi einhergehender Reproduktionsarbeit in Verbindung gebracht werden (vgl. Abs. 5.1.2). Hierdurch kann angenommen werden, dass die jungen türkischen Frauen einen anderen Lebensentwurf verfolgen, sodass durch das junge Heirats- und Reproduktionsalter die Chancen auf interethnische Partnerschaften und damit auf brückenbildende soziale Beziehungen möglicherweise selbsttätig verhindert werden. Denn Haug (2002) kam zu dem Ergebnis, dass mit zunehmendem Alter die Wahrscheinlichkeit, eine interethnische (Ehe-)Partnerschaft einzugehen, signifikant steigt (vgl. 418f..). Somit kann die Feststellung von Haug (2005a), dass „[…] ethnische Homogamie eine unintendierte Folge von Bildungshomogamie […]" ist, um mindestens einen weiteren Faktor, der diese bedingt, erweitert werden (Haug 2005a: 206). Vielmehr führt die Neigung zur ethnischen Homogamie in Verbindung mit Frühverheiratung sowie zeitnaher Reproduktionstätigkeit zu einem geringen Bildungsniveau bei türkischen Frauen, da Familienarbeit nun den Lebensmittelpunkt einnimmt[24]. Begründen lässt sich damit jedoch nicht, warum die Folge ebenso bei türkischen Männern ein äquivalentes Bildungsniveau zu ihren Ehepartnerinnen ist, wodurch sich Bildungshomogamie ergibt. Denn türkische Männer sind im Durchschnitt 3,4 Jahre älter und haben dadurch ein Zeitfenster für die Erlangung einer abgeschlossenen berufsqualifizierenden Ausbildung (vgl. Abs. 5.1.2).

---

[24] Ausgenommen davon sind getrennte Wege in den Bildungsinstitutionen (dreigliedriges Schulsystem) auf Grund fehlender schulischer Leistungen (vgl. ebd.).

6.1.1.4 Ethnisch-kulturell Präferenz: Religiosität und Traditionalität

In diesem Abschnitt soll noch auf die ethnisch-kulturelle Präferenz der Religiosität und Traditionalität eingegangen werden. Denn „[…] die Beschäftigung mit Sozialkapital [war] schon von Anfang an mit Überlegungen zur Religion verwoben" (DIW 2008a: 2). Für die USA konnte festgestellt werden, dass „[…] Religiosität neben Bildung den entscheidendsten Einflussfaktor für die individuelle Sozialkapitalausstattung darstellt" (ebd.: 2). Wegen der gegebenen Schwierigkeiten, (subjektive) Religiosität messen zu können, müssen die Ergebnisse dazu jedoch mit Vorsicht betrachtet werden (vgl. ebd.: 12; Haug 2002: 404f..). Dennoch konnte Haug (2002) feststellen: „Die interethnische Partnerwahl ist auch durch ein Maß konfessioneller Homogamie gekennzeichnet" (405). Ebenso „[…] sind traditionelle Einstellungen zur Familie […] von großem Einfluss auf die Wahrscheinlichkeit einer [inter]ethnischen Partnerschaft" (Haug 2005a: 206). Haug (2005a) konnte für die italienische Gemeinschaft eine geringere Religiosität und Traditionalität feststellen als für die türkische Gemeinschaft, aber sowohl für die italienische als auch für die türkische Gemeinschaft, dass die Religiosität und auch die Traditionalität mit halbem Migrationshintergrund geringer sind als mit vollem. Zudem sind beide Faktoren linearkontinuierlich steigend vom Geschlecht und einer festen (Ehe-)Partnerschaft abhängig. Demzufolge sind unverheiratete Männer mit halbem italienischen Migrationshintergrund weniger religiös und traditionell als verheiratete Frauen mit vollem türkischen Migrationshintergrund (vgl. Haug 2002: 403-6, 2005a: 210-3). Einen Wirkungszusammenhang zwischen den beiden Faktoren konnte Haug somit bestätigen, jedoch konnte sie keinen direktionalen kausalen Zusammenhang belegen.

> „[…] nicht die ethnische Abstammung, sondern die bei Italienern im Vergleich mit Türken geringere Religiosität und geringere Anerkennung traditioneller Normen sind für die höhere Wahrscheinlichkeit einer Partnerschaft mit Deutschen verantwortlich" (Haug 2005a: 211).

Gesondert hebt Haug (2002, 2005a) die wahrscheinlich naheliegende Vermutung der unterschiedlichen Religionen der beiden ethnischen Gemeinschaften als nicht erklärendes Partnerwahlkriterium hervor. Denn es konnte kein eigenständiger Effekt bei türkischen Migranten, weder durch den „[…] Grad der allgemeinen Religiosität noch die Zugehörigkeit zur islamischen Religionsgemeinschaft […]", festgestellt werden (Haug 2005a: 211).

„Die islamische Religion wirkt nicht per se als Partnerschaftsbarriere, sondern nur in Kombination mit einer ausgeprägt starken Religiosität" (ebd.).

Für freundschaftliche soziale Beziehungen konnte ein Effekt auf die Anzahl von freundschaftlichen sozialen Beziehungen durch (subjektive) Religiosität nachgewiesen werden, wobei dieser auf die enge Einbindung in die religiöse Gemeinschaft zurückgeführt werden kann (vgl. DIW 2008a: 16f.). Dieser Effekt ist dementsprechend eher im Kontext von praktizierter und nichtpraktizierter religiöser Aktivität zu finden und wiederum nicht an einer Religion festzumachen.

6.1.1.5 Zwischenfazits zu den kernfamiliären sozialen Beziehungen

Festzuhalten bleibt (allgemein) zunächst, dass interethnische (Ehe-)Partnerschaften durch eine Zusammenwirkung von verschiedenen Faktoren bei Männern und bei Frauen der türkischen Gemeinschaft unwahrscheinlicher sind als bei Mitgliedern der italienischen Gemeinschaft. Ausgehend von der Bewertung von interethnischen (Ehe-)Partnerschaften als hartem Indikator für die Integration in die Gesamtgesellschaft (vgl. Abs. 6.1.1), kann festgehalten werden, dass sowohl Männer als auch Frauen der italienischen Gemeinschaft (prozentual anteilig) eher zu interethnischen (Ehe-)Partnerschaften neigen als Mitglieder der türkischen Gemeinschaft (vgl. Abs. 6.1.1.1). Hieraus kann geschlossen werden kann, dass in der italienischen Gemeinschaft der Anteil brückenbildender sozialer Beziehungen höher ist als in der türkischen Gemeinschaft.

Die Erklärung für das Verhalten der Mitglieder der türkischen Gemeinschaft ist zum einen in dem Selektionskriterium des (inter-)national homogenen Heiratsmarktes und zum anderen in ethnisch-kulturellen Präferenzen der Frühverheiratung und in konfessioneller sowie traditioneller (Familien-)Wertehomogamie zu finden (vgl. Abs. 6.1.1.2–4). Besonders ausschlaggebend ist die ethnisch-kulturelle Präferenz der Frühverheiratung (mit zumeist zeitnaher, erfolgreicher Reproduktionstätigkeit), da diese eine wichtige Determinante auf dem interethnisch-gesamtgesellschaftlichen Partner- und Heiratsmarkt darstellt. Hierdurch zeigen sich im Verhältnis zu denen der Gesamtgesellschaft divergierende Lebensentwürfe sowie Einstellungs- und Verhaltensmuster der Mitglieder der türkischen Gesellschaft, wodurch zum Beispiel die normalerweise effiziente Gelegenheitsstruktur für interethnische (Ehe-)Partnerschaften von schulischen oder beruflichen Bildungsinstitutionen ausgehebelt wird (vgl. Abs. 6.1.1.3). Unter der Annahme, dass interethnische (Ehe-)Partnerschaften als förderlicher zur Herausbildung von brückenbildenden sozialen Beziehungen in die Gesamtgesellschaft hinein bewertet werden können, sind die Bedingungen dafür in der italienischen Gemeinschaft als ermöglichender und in der türkischen Gemeinschaft als hinderlich zu beschreiben. Ausgehend davon, dass verwandtschaftlichen sozialen Beziehungen ein großer Anteil an den in einer ethnischen Gemeinschaft existierenden sozialen Beziehungen zugesprochen wird, rücken großfamiliäre soziale Beziehungen hierdurch in den Mittelpunkt der nächsten Abschnitte (vgl. Abs. 6.1).

6.1.2 Großfamiliäre soziale Beziehungen

Im zweiten nun folgenden Teil der Analyse von großfamiliären sozialen Beziehungen werden die besonderen Merkmale von verwandtschaftlichen sozialen Beziehungen wieder in den Mittelpunkt gerückt. Merkmale wie: geringer Legitimationsbedarf, hoher Grad an Multiplexität, soziale Kontrolle, leichte Re-Mobilisierbarkeit sowie die zugeschriebene Mitgliedschaft, durch die die Übertragung von Sozialkapital erleichtert wird, wurden bereits erwähnt (vgl. Abs. 6.1).

Während im ersten Teil der Analyse der kernfamiliären sozialen Beziehungen noch die Wahrscheinlichkeit von interethnischen (Ehe-)Partnerschaften analysiert wurde, stehen nun die Wirkungen von großfamiliären[25] sozialen Beziehungen im Vordergrund. Leider erlaubt es die Datenlage nicht, die Wirkung von interethnischen (Ehe-)Partnerschaften auf die verwandtschaftlichen sozialen Beziehungen (und damit die direkte Folgewirkung von interethnischer Heirat) zu analysieren (vgl. BAMF 2005). Somit beschränkt sich die Analyse auf intraethnische verwandtschaftliche soziale Beziehungen und deren dimensionale Ausprägung.

---

[25] In dieser Masterarbeit wurde zur inneren analytischen Gliederung eine begriffliche Differenzierung zwischen kern- und großfamiliären sozialen Beziehungen eingeführt. Im Analysekontext ab diesem Abschnitt werden jedoch in den großfamiliären sozialen Beziehungen auch kernfamiliäre soziale Beziehungen (Eltern-Kind-Beziehungen) mit in die Analyse einfließen. Daher ist der Begriff großfamiliär als quantitative Ausdehnung auf die Verwandtschaft und nicht als Abgrenzung zu kernfamiliären sozialen Beziehungen zu verstehen. Auf Grund der unüblichen Verwendung des Begriffs großfamiliär in der wissenschaftlichen Literatur wird der Begriff verwandtschaftlich in der Analyse bevorzugt verwendet.

Dabei werden drei Schwerpunkte gesetzt. Zum einen soll die Familienbezogenheit und zum anderen die dadurch bedingte Kraft oder Stärke der Familienbezogenheit analysiert werden. Darauf aufbauend werden die beiden anderen Dimensionen des Vertrauens und der Reziprozität der verwandtschaftlichen sozialen Beziehungen vertiefend analysiert.

6.1.2.1 Familienbezogenheit von großfamiliären sozialen Beziehungen

Wie schon im Abschnitt 5.2 beschrieben, zeigen beide ethnische Gemeinschaften Gemeinsamkeiten in der Familienstruktur, die mit dem wissenschaftlichen Synonym des Mittelmeer-Modells zusammengefasst werden können. Die Auswirkungen der Spezifizität und die Verspätung in der Familienentwicklung, in diesem Fall im Vergleich zur Gesamtgesellschaft Deutschlands, erfordern eine gesonderte Betrachtung (vgl. Haug 2006b: 82, Nauck et al. 1997: 487). Dem Verwandtschaftsverhältnis wird im Zusammenhang mit der Familienbezogenheit von sozialen Beziehungen eine sehr unterschiedliche quantitative Ausdehnung zugeschrieben:

> „Während es bei einigen ausschließlich aus der Kernfamilie besteht, ist bei anderen die Kernfamilie um angeheiratete Familienangehörige wie die Ehepartner der Geschwister oder um die Geschwister der Eltern und deren Kinder erweitert" (Gestring et. al. 2006: 40f.).

Haug (2005b) weist auf frühere, zum Teil selbst durchgeführte Untersuchungen hin, bei denen sie Verwandtschaftsnetzwerke sowohl von italienischen als auch von türkischen Migranten untersucht hat und dadurch zu der Einschätzung gekommen ist, dass „[…] aufgrund der höheren Fertilität […] zu erwarten ist, dass sie ein größeres Familien- und Verwandtschaftsnetzwerk als Deutsche besitzen" (237). „Deutsche haben durchschnittlich 16 Verwandte, während die […] Befragten italienischer und türkischer Abstammung im Durchschnitt 34 Verwandte besitzen (ebd.: 238)."[26]

Gestring et al. (2006) kommen bei der türkischen Gemeinschaft zu dem Ergebnis, dass „[d]ie überwiegende Mehrheit der Befragten […] ein rein familiales Netz […], das nahezu ausschließlich aus familiären Nahbeziehungen und Kontakten zu Verwandten" besteht, besitzt (40). „Der hohe Anteil der Verwandten bzw. der Familienmitglieder ist auf Kettenmigration zurückzuführen, durch die im Einwanderungskontext in kurzer Zeit

---

[26] Die Verwandtennetzwerke beider ethnischer Gemeinschaften sind dabei noch zu zwei Dritteln im Herkunftsland ansässig (vgl. Haug 2005b: 238).

ein dichtes Netz von familiären und Verwandtschaftsbeziehungen […]" entstehen konnte (Nauck et al. 1997: 490). Von Haug (2000a) kann für die italienische Gemeinschaft hinzugefügt werden, dass die „[…] Verwandtschaftsdichte bei italienischen Migranten in Deutschland sehr hoch ist", da die meisten Verwandten sogar am selben Ort in Deutschland wohnen und dadurch die Pflege von verwandtschaftlichen sozialen Beziehungen ungemein erleichtert wird (170). Überhaupt ist bei italienischen Migranten als Auffälligkeit zu beobachten, dass „[…] ganze Familienverbände oder Nachbarschaften […]" oder gar Teile von Dorfgemeinschaften emigriert sind (ebenfalls Kettenmigration) und dadurch soziale Beziehungen manchmal über Generationen aufrecht erhalten werden können (vgl. ebd. 169ff.).

Im sechsten Familienbericht wurde bei einem Vergleich der Interaktionsdichte zwischen (auch verwandtschaftlichen) Familienmitgliedern bei italienischen Familien eine sogar noch höhere Interaktionsdichte als bei türkischen Familien gemessen, obwohl diese schon beeindruckend hoch war (vgl. BMFSFJ 2000: 108f..). Somit können die sozialen Beziehungen vorläufig insgesamt, im kern- sowie auch im großfamiliären Bereich beider ethnischer Gemeinschaften, als (sehr) starke und damit auch bindende soziale Beziehungen charakterisiert werden.

6.1.2.2 Zentrifugalkräfte von großfamiliären sozialen Beziehungen

Die Familienbezogenheit von sozialen Beziehungen kann sowohl positive als auch negative Auswirkungen auf das durch sie gebildete Vertrauen und die Normen der Reziprozität haben. Denn „[e]in ausschließlich auf die Familie konzentriertes Netz bedeutet aber wiederum meist eine quantitative und qualitative Einschränkung des sozialen Kapitals" insgesamt (Gestring et al. 2006: 35f.). Aus diesem Grund sollen die „[…] herausragende Gemeinsamkeit der Familienzentriertheit […]" der beiden ethnischen Gemeinschaften und die damit einhergehende „[…] überragende Bedeutung […]" von verwandtschaftlichen sozialen Beziehungen auf deren innere Wirkungskraft analysiert werden (ebd.: 37). Es gilt besonders herauszuarbeiten, ob die Verwandtschaftsbeziehungen die außerordentliche Rolle einnehmen, welche zum Teil mit Einschränkungen einhergeht, wodurch eine individuelle (Los-)Lösung oder allgemeine Lockerung der Familienbezogenheit erschwert wird (vgl. Nauck et. al. 1997: 491).

Bei beiden ethnischen Gemeinschaften ist „[…] eine starke Differenzierung von Verwandtschafts- und Freundschaftsbeziehungen […]" kennzeichnend (BMFSFJ 2000: 113). Häufig kann die gute Beziehung zu Geschwistern – denn jede/r Zweite nennt einen Bruder oder eine Schwester als Hauptbezugsperson – mit der Gelegenheitsstruktur der vielfach noch präsenten Mehrkindfamilie begründet werden (vgl. ebd.; Nauck/Kohlmann 1998: 220). In dieser innerfamiliären Wahl einer Hauptbezugsperson sehen Nauck und Kohlmann (1998) einen zukünftig prägenden, pädagogisch-psychologischen Sozialisationseffekt für die soziale Beziehungsführung im weiteren Lebensverlauf.

> „Insofern scheinen sich schon im Jugendalter Geschwisterbeziehungen soweit zu verselbstständigen, daß daraus die intensiven intragenerativen Verwandtschaftsbeziehungen entstehen […]" können (Nauck/Kohlmann 1998: 220)

Zudem kann festgestellt werden, dass die geschwisterliche intensive und starke soziale Beziehung jedes Zweiten somit das innerfamiliäre personale (Ur-)Vertrauen stärkt, welches im Weiteren als verwandtschaftlich-personenspezifisches Vertrauen[27] erweiternd transferiert wird. Hierdurch wird die große Bedeutung und damit Wirkung von extensiven Verwandtschaftsbeziehungen sowohl in seitlicher Linie[28] als auch in Schwägerschaft und der so genannten Schwippschwägerschaft[29] sowie anderen nicht definierbaren quasiverwandtschaftlichen Beziehungen[30] nachvollziehbar (vgl. ebd.: 114). Mit Bezug zu den intensiven geschwisterliche Beziehungen im infantilen Alter findet eine Intensivierung auf Grund des transferierbaren sozialen Vertrauens in erster Line zu verwandtschaftlichen (oder verwandtschaftsähnlichen) Personen statt, wodurch starke und bindende soziale Beziehungen entstehen können. Hervorzuheben ist dabei

---

[27] Das Adjektiv „personenspezifisch" (Franzen/Pointer) wurde in Anlehnung an die Ausführungen im Abschnitt 3.2.3 gewählt, um einen zur putnamschen Entwicklungsrichtung divergierenden Vertrauenstransfer vom personellen zum sozialen Vertrauen darzulegen.
[28] Verwandtschaft in seitlicher Linie bedeutet, dass man von derselben dritten Person abstammt. Also zum Beispiel: Geschwister, Tanten, Onkel, Nichten oder Neffen (vgl. § 1589 S. 2 BGB. Unter: http://www.gesetze-im-internet.de/bgb/ 20.07.2010).
[29] Als Schwippschwägerschaft wird, im Vergleich zur Schwägerschaft, das juristisch nicht existierende Verwandtschaftsverhältnis zum Beispiel der beiden angeheirateten Ehepartner untereinander beschrieben (vgl. ebd.).
[30] Mit Quasiverwandtschaftsbeziehungen sind alle juristisch, aber auch im Sprachgebrauch nicht existierenden Verbindungen aus Verwandtschaftsbeziehungen gemeint. Zum Beispiel ist der Mann meiner Cousine mit mir nicht verwandt und auch nicht verschwägert, obwohl meine Cousine (juristisch im vierten Grad der seitlichen Linie) mit mir verwandt ist (vgl. § 1589 S. 3 BGB; unter: ebd.). Und das, obwohl auch die gemeinsamen Kinder meiner Cousine und ihres Mannes, also meine Nichten/Neffen 2. Grades (juristisch im fünften Grad der seitlichen Linie), mit mir verwandt sind (vgl. § 1589 S. 3 BGB; unter: ebd.).

die irgendwie vorhandene verwandtschaftliche Verbindung als Legitimation dieser sozialen Beziehungen (vgl. ebd.: 114–9). Nauck und Kohlmann (1998) heben zudem hervor, dass die residentielle Nähe, wie bei Geschwistern normalerweise gegeben, nicht fälschlicherweise als Gelegenheitsstruktur für die starke geschwisterliche Beziehungen interpretiert werden darf. Vielmehr sind die gegebenen quantitativen Opportunitäten der Mehrkindfamilien auch in der Verwandtschaft als Gelegenheitsstruktur für starke und bindende innerverwandtschaftliche Beziehungen untereinander förderlich (vgl. Nauck/Kohlmann 1998: 220f.). Hierdurch wird zum einen noch einmal das Verständnis von Familie und zum anderen die Spezifizität der (Groß-)Familie in beiden ethnischen Gemeinschaften deutlich (vgl. Abs. 5.2, 6.1.2.1). Es kann von einem weiter gefassten Familienbegriff in den beiden ethnischen Gemeinschaften ausgegangen werden. Bei den sozialen Beziehungen kann die verwandtschaftliche Legitimation aus einer zum Teil manchmal nicht real existierenden Verbindung bestehen, wie mit dem Beispiel der quasiverwandtschaftlichen Beziehungen angedeutet (s.o.).

Dennoch besteht trotz der hohen Kontaktdichte bei den verwandtschaftlichen sozialen Beziehungen ein Unterschied in der Qualität und Intensität. Es kann ein Unterschied zwischen kern- und großfamiliären sozialen Beziehungen festgestellt werden, welcher hypothetisch bedeutet: Je höher der Verwandtschaftsgrad (direkte Nachkommenschaft), desto höher die Qualität und Intensität der sozialen Beziehung (vgl. BMFSFJ 2000: 114). „Dies erklärt z.B., warum […] türkische Migranten weit häufiger über Generationen hinweg geschlossene eigenethnische [familiäre] Verkehrskreise bilden […]" (Nauck et al. 1997: 478). Bei der (subjektiven) Beurteilung der verwandtschaftlichen sozialen Beziehungen gehen die Meinungen in beiden ethnischen Gemeinschaften jedoch auseinander. In der italienischen Gemeinschaft wird „[…] eine Vielzahl von (expressiven) Aktivitäten […] überwiegend oder ausschließlich mit Verwandten zusammen unternommen, [wodurch diese Aktivitäten] in hohem Maß als subjektiv zufrieden stellend bewertet werden […]" (BMFSFJ 2000: 113). Bei der türkischen Gemeinschaft wird der Verwandtschaftsverband als „[…] verwandtschaftlicher Zweckverband […] [bewertet, wobei die] Funktionstüchtigkeit […] in der Aufnahmegesellschaft erheblich beeinträchtigt ist" (ebd.). Diese subjektive Bewertung gründet sich auf vergleichsweise häufige Differenzen im Verwandtenverbund (vgl. ebd.). Als Erklärung für die Beeinträchtigung der Verwandtschaftsverbünde in der Aufnahmegesellschaft und nicht auch schon im

Herkunftsland oder mit den (verbliebenen) Verwandten im Herkunftsland, kann nochmals Bezug auf das Mittelmeer-Modell genommen werden (vgl. Abs. 5.2). Das als Verspätung in der Familienentwicklung beschriebene Merkmal kann dabei in der Aufnahmegesellschaft mit dem Begriff Modernitätsgefälle beschrieben werden. Nauck (1997) umfasst mit diesem Begriff die „[…] Bewältigung dieses Modernisierungsrückstandes […] eine unter schiedliche Intensität des sozialisatorischen Einflusses von Herkunfts- und der Aufnahmegesellschaft […] als wesentliche Erklärung von Einstellungs- und Verhaltensunterschieden" (176).

Ein besonders großer Unterschied zwischen Herkunfts- und Aufnahmegesellschaft bei den Einstellungs- und Verhaltensmustern besteht in der „[…] duofokalen Familienstruktur […]", bei der Frauen und Männer in „[…] praktisch verschiedenen Welten leben […]" (Kagitcibasi/Sunar 1997: 148). Von Nauck (1985) wurde ein fehlender „[…] Wandel der Familienform in der Weise, daß der Typ einer patriarchalisch-autoritär organisierten Großfamilie durch den Typ einer partnerschaftlich-egalitär organisierten Gattenfamilie abgelöst wird", diagnostiziert (450). Für die weiterhin grundlegende Geschlechtertrennung machten Kagitcibasi und Sunar (1997) das Konzept des Namus (Ehre) und Ayip (Schande) verantwortlich. Indem „[…] Männer die Sexualität ihrer Frauen[31] kontrollieren […]", besitzen Männer Ehre, und wenn sie es nicht schaffen, kommt Schande über sie (Kagitcibasi/Sunar 1997: 148). Da das Konzept des Namus und Ayip auf die Gemeinschaft(-sstruktur) ausgerichtet ist, wird hierdurch die enge Verbundenheit mit der Familie und Verwandtschaft bis hin zur (Dorf-)Gemeinschaft unausweichlich festgeschrieben.

> „Ehre spiegelt den nach außen gerichteten direkten Charakter sozialer Beziehungen innerhalb eines kleinen Gemeinwesens [Verwandtschaft] ebenso wider, wie die Bedeutung, die der Bewertung durch die anderen beigemessen wird" (Kagitcibasi/Sunar 1997: 148f.).

Dieses äußert sich auch in einer Geschlechtersegregation bei den sozialen Beziehungen (vgl. BMFSFJ 2000: 113). „Charakteristisch für Verwandtschaftsbeziehungen in türkischen Migrantenfamilien ist die ausgeprägte Strukturierung nach […] Geschlecht, […] [denn] die Verwandtschaftsbeziehungen der Mütter sind besonders stark am eigenen Geschlecht orientiert" (ebd.). Trotz der geschilderten duofokalen

---

[31] Unter „[…] ihre[n] Frauen sind: Ehefrauen, Töchter, Schwestern und andere weibliche Verwandte […]" zu verstehen (Kagitcibasi/Sunar 1997: ebd.).

Familienstruktur in der türkischen Gemeinschaft wäre es allerdings falsch, die weiblichen Verwandtschaftsbeziehungen zu unterschätzen. Denn auch wenn die legitime Autorität nach außen bei den Männern liegt, „[...] so findet doch die Verbreitung mancher wichtiger Information und Nachricht und die Lösung von Problemen über Frauen statt" (Kagitcibasi/Sunar 1997: 149).

6.1.2.3 Verwandtschaftliche Reziprozität und Vertrauen

Nachdem die besondere Rolle der verwandtschaftlichen Beziehungen durch die Familienbezogenheit und die zentrifugale Kraft und damit die besondere Bedeutung dieser dargestellt wurden, soll in diesem Abschnitt die Wirkung von verwandtschaftlichen Beziehungen erörtert werden. „Eine eingehende Analyse der Verwandtschaftsbeziehungen [...] scheint auch deshalb angebracht, weil [...] das dabei gezeichnete Bild in starkem Maße von Vorstellungen über mechanische Solidarität[32] in mediterranen Familienstrukturen geprägt [...]" ist (Nauck/Kohlmann 1998: 205). Dabei wird von Nauck und Kohlmann (1998) darauf hingewiesen, dass es sich dabei um eine zumeist zu positive Bewertung dieser unbegrenzt erscheinenden mechanischen Solidarität handelt, die zugleich als kulturelle Eigenheit beschrieben werden kann (vgl. ebd.). Im Folgenden soll versucht werden, diese kulturelle Eigenheit durch die Funktion der mechanischen (Nauck/Kohlmann) und eingeschränkten (Portes/Sensenbrenner) Solidarität mit den beiden Komponenten der Normen der Reziprozität und des Vertrauen zu verbinden und zu analysieren.

Als Anhaltspunkte werden die von Nauck und Kohlmann (1998) beschriebenen prägenden Vorstellungen mediterraner Familien von mechanischer Solidarität dienen (vgl. 205f..). Mechanische (mediterrane) Solidarität zeichnet sich erstens durch den Besitz einer jeden Kernfamilie an einem umfassenden Netz verwandtschaftlicher Beziehungen aus, in das sie eingebettet ist (wie in Abschnitt. 6.1.2.2 beschrieben). Zweitens funktionieren diese sozialen Beziehungen dauerhaft harmonisch und konfliktfrei, wodurch sie drittens darauf aufbauend eine unerschöpfliche Ressource an sozialer und psychischer Unterstützung bieten können. Dies führt viertens dazu, dass

---

[32] Der Begriff der mechanischen Solidarität wurde von Nauck und Kohlmann entliehen und geht zurück auf Durkheims Werk „Über die Teilung der sozialen Arbeit" (1893) und wurde dichotom zur organischen Solidarität im Zusammenhang mit sozialer Integration beschrieben. Mechanische Solidarität zeichnet sich dabei durch die Ähnlichkeit zwischen zumeist Mitgliedern einfacher Gesellschaften mit starkem Kollektivbewusstsein aus (vgl. Nauck/Kohlmann 1998: 204f.).

„[…] ein nahezu grenzenloser und durch keinerlei Restriktionen eingeschränkter Transfer von materiellen Gütern und Dienstleitungen stattfinden" kann (Nauck/Kohlmann 1998: 205). Inwiefern die Vorstellung der Unerschöpflichkeit von inner-verwandtschaftlichen Ressourcen zutrifft, ist nicht im Speziellen Teil der Analyse. Für die Analyse der Reziprozität und des Vertrauens ist von besonderem Interesse, wie die bereits analysierte Spezifizität und Verspätung in der Familienentwicklung (Mittelmeer-Modell), die verwandtschaftliche Familienzentriertheit und die sich dadurch ergebende Zentrifugalkraft dieser sich auf die beiden Komponenten des Sozialkapitals (aus-)wirken (vgl. Abs. 5.2, 6.1.2.1–2).

Von Portes und Sensenbrenner (1993) wird die im Migrationkontext in eine feste Struktur eingebettete Solidarität mit dem Adjektiv der beschränkten Solidarität konjugiert. „[Bounded] Solidarity born out of common adversity is reflected in the 'clannishness' and 'secretiveness' […] this mechanism depends on an emergent sentiment of 'we-ness' […]", wobei jedoch die Beschränkung nicht allein mit kulturellen Unterschieden zur Gesamtgesellschaft begründet werden kann (Portes/Sensenbrenner 1993: 1327f.). Haug (2005a) bemerkt dazu, dass das dabei gebildete Sozialkapital

> „[…] bei Migranten durch Vorleistungen in (nicht)reziproken Austauschbeziehungen vor allem innerhalb der Familie und Verwandtschaft erworben [wird], die Gegenleistung erwarten lassen. Dementsprechend hoch sind die Solidarpotentiale in Verwandtschaftsbeziehungen bei Migrantenfamilien zu bewerten" (197).

Dazu betonen Nauck und Kohlmann (1998), dass die Erwartbarkeit dieser Art von „[…] weitereichenden Leistungen […] [eine] langfristige Diskontierung[33] von Reziprozität […] [durch] die lebenslangen ‚unausweichlichen' Verwandtschaftsbeziehungen […]" mit sich bringe (206). Insgesamt wird hierdurch deutlich, dass bei verwandtschaftlichen sozialen Beziehungen vor allem im Migrationskontext weitaus bessere Eingangsvoraussetzungen geschaffen sind, die in „normalen" sozialen Beziehungen nicht gegeben sein können (vgl. ebd.; Abs. 3.3.2, 3.4.2, 6.1.2.2). Ob nun als beschränkte oder mechanische Solidarität begrifflich bezeichnet: es wird, trotz möglicherweise nicht

---

[33] Mit Diskontierung ist begrifflich der Wert (Ab- und Aufzinsung) einer zukünftigen Leistung – nach Elster mit *Diskontierung der Zukunft* bezeichnet – gemeint. Nauck und Kohlmann gehen (nach Elster) von einer Zukunftsdiskontierung aus, bei der die Rezipienten implizit von einer geringeren zukünftigen Gegenleistung ausgehen, je weiter der Rückzahlungszeitpunkt in der Zukunft liegt (vgl. 204f.).

vorhandener Reziprozität in verwandtschaftlichen sozialen Beziehungen, deutlich, dass ein außergewöhnliches Solidarpotenzial den verwandtschaftlichen sozialen Beziehungen innewohnt. Sei der Grund dafür ein Stammesgefühl (clannishness) oder ein sich aus anderen Komponenten speisendes Wir-Gefühl (we-ness), so kann diesem doch das Potenzial zugesprochen werden, die Kosten in den vier optionalen Funktionen im Handlungssystem unter dem Eindruck der Vertrauensvergabe merklich zu reduzieren (vgl. Abs. 3.3.2).

6.1.2.4 Intergenerationale großfamiliäre Reziprozität

Für die türkische ethnische Gemeinschaft stellt Haug (2000a) ein besonderes (verstärkendes) Merkmal in verwandtschaftlichen Beziehungen fest, welches so nur in abgemilderter Form in der italienischen Gemeinschaft zu finden ist.

> „Die Abhängigkeit von gegenseitiger Hilfe schafft die Basis für eine sehr starke Verpflichtung zur Einhaltung der Reziprozitätsnorm, die noch stärker ausgeprägt ist als in der Türkei, da durch Marginalisierung innerhalb der Aufnahmegesellschaft [...], dies macht ihren Wert als soziales Kapital deutlich" (Haug 2000a: 173).

Eine geringere gegenseitige Abhängigkeit untereinander in der italienischen Gemeinschaft begründet Haug mit den gegebenen rechtlichen Rahmenbedingungen der persönlichen Freizügigkeit in der Europäischen Union (vgl. ebd.: 173f.). Die familiär-gemeinschaftlichen „[...] Rahmenbedingungen, innerhalb derer sich intergenerationale Solidaritätsleistungen entwickeln und ausrücken, sind von fundamentaler Bedeutung für die Analyse [...]" von verwandtschaftlichen sozialen Beziehungen (Röbbel 2006: 311). Denn grundsätzlich erstreckt sich „[d]er Austausch von Hilfeleistungen [...]" in italienischen Familienverbünden ebenso „[...] über das ganze Leben hinweg und beruht auf dem Prinzip der Gegenseitigkeit" (ebd.). Jedoch sind die reziproken Unterstützungsleistungen „[...] von vielen Faktoren abhängig und lassen sich nach Alter und Geschlecht, Art der Verwandtschaftsbeziehung [...]" und Art der Unterstützungsleistung differenzieren (ebd.). Nicht sonderlich überraschend sind Unterstützungsleistungen unter dem (intergenerationalen) Faktor Alter betrachtet, ähnlich einer Sinuskurve verlaufend verteilt. Dabei befindet sich das Alter auf der y-Achse (0 bis 100) und die erhaltene beziehungsweise vergebene Unterstützungsleistung auf der x-Achse (negativ für erhaltene und positiv für vergebene). Im jüngeren bis hin zum jungen Erwachsenenalter werden zumeist Leistungen erhalten, um diese dann bis zum heute normalen Rentenalter (normalerweise) wieder zu kompensieren. Mit diesem zumeist bis dahin positiven Sozialkapitalertrag werden im weiteren Lebensverlauf wiederum Unterstützungsleistungen erhalten, wodurch am Ende eines Lebens eine redundant-reziproke Sozialkapitalbilanz im ökonomisch optimalen Fall stehen sollte (vgl. ebd.: 310–5). Der Faktor des Geschlechts kann dabei kurz und knapp beschrieben werden. „Frauen erweisen sich in allen Generationen als die dominierenden Subjekte des Unterstützungsnetzwerks" (ebd.: 311). Die Unterstützungsleistungen im italienischen Familienverbund sind zum größten Teil im nichtmonetären Bereich zu finden. Neben den ca. 15 % an finanziellen entfällt ein Großteil der Unterstützungsleistungen auf den alltäglichen Bereich. Darunter sind die Hilfe im Haushalt, Kinderbetreuung oder Pflegehilfe genauso zu verstehen wie die Hilfe bei bürokratischen oder administrativen Angelegenheiten (vgl. ebd.: 311f..). Italienische Familien weisen „[…] ein festes familiales Solidaritätsnetzwerk aus, das den Verkleinerungsprozess der Familie [im Migrationskontext] unversehrt überstanden hat" (ebd.: 316).

In türkischen Verwandtschaftsverbünden konnte im Vergleich zu den italienischen ein verstärkendes Merkmal der Normen der Reziprozität von Haug (2000a) festgehalten werden (s.o.). Denn trotz der ungewöhnlich hohen Reduzierung der Kosten für die Vertrauensvergabe bei gleichzeitiger Erhöhung der Verpflichtung zur Gegenleistung[34] wird zugleich „[…] aber auch deutlich, daß die Inanspruchnahme dieser Ressourcen ihren Preis hat […]" (Nauck/Kohlmann 1998: 210, vgl. Abs. 3.3.2). So argumentieren Nauck und Kohlmann (1998), dass „[…] eine dauerhafte Ablösung des Migranten von seiner Verwandtschaft [nur] wahrscheinlich w[erde] […]", wenn zugleich Alternativen bestünden (ebd. 1998: 210). Bei der ersten beschriebenen Alternative einer vollkommenen Ablösung von der Verwandtschaft müssen die (ökonomischen und sozialen) Exklusionskosten zumindest kompensiert, aber eigentlich eher überkompensiert werden, da ansonsten die Attraktivität der Alternative zu bezweifeln ist (vgl. ebd.: 210f..). Dabei würde es sich um eine unidirektionale Integration in die Gesamtgesellschaft des Migranten handeln, wobei von einem unwiderruflichen Verlust an verwandtschaftlichen sozialen Beziehungen auszugehen ist. Allerdings ist die

---

[34] Unter der Annahme, dass die Verpflichtung zur Gegenseitigkeit möglicherweise eher zeitfern und nicht unbedingt (immer) redundant zu erwarten ist (vgl. das Zitat von Haug 2000a: 173 und Haug 2005a: 197 in diesem Abschnitt).

freiwillige Wahl dieser ersten Alternative aufgrund des hohen Preises (Exklusionskosten) sehr unwahrscheinlich. Eine eher als unfreiwillig zu bezeichnende „Wahl" dieser Alternative ist jedoch im Rahmen des prägenden Konzepts (Ehre und Schande) der Gemeinschaft(-sstruktur) nicht ausgeschlossen (vgl. Abs. 6.1.2.2). Die zweite Alternative einer dauerhaften, aber nicht vollkommenen Ablösung beinhaltet, die „[…] Verwandtschaftsbeziehungen ritualistisch durch Konformitätsbezeugungen […]" beizubehalten, jedoch gleichzeitig die größtenteils ökonomischen (und zum quantitativ geringeren Teil sozialen) Exklusionskosten kompensieren zu können (Nauck/Kohlmann 1998: 210). Dabei ist bei den drei in dieser Masterarbeit vorgestellten Integrationsindikatoren von einer mittleren oder sogar höheren Positionierung im Kontinuum auszugehen, da ansonsten eine doppelintegrative Integration unwahrscheinlich wäre (vgl. Abs. 5.1.1–3).

Bei der möglichen Inanspruchnahme der zweiten Alternative sind jedoch, ähnlich wie bei dem beschriebenen Sozialisationseffekt, die verwandtschaftlichen sozialen Beziehungen in der geraden (aber auch seitlichen) Verwandtschaftslinie nicht zu unterschätzen (vgl. Abs. 6.1.2.2). Denn trotz einer Heterogenisierung[35] der sozialen Beziehungen sind „[…] bei Türken besonders stark kulturell verankerte ökonomisch-utilitaristische Erwartungen gegenüber den Kindern […]" von Eltern, aber auch gegenüber anderen Verwandten nicht ungewöhnlich (Rabold/Diehl 2005: 287). Anders als bei italienischen Eltern, die von ihren Kindern lediglich erwarten, im Alter aufgenommen oder zumindest umsorgt zu werden, erwartet über die Hälfte (zwischen 57 und 60 %) der türkische Eltern, dass ihre Kinder generell einen Teil ihres Einkommens abgeben[36] (vgl. ebd.: 287f..). Das hohe Solidarpotenzial in Form einer ausgeprägten Reziprozitätsnorm ist jedoch nicht nur auf die direkten Nachkommen beschränkt, wobei gerade bei diesen die finanzielle Erwartungshaltung besonders ausgeprägt ist (und nicht nur bei Notsituationen und im Alter). Vielmehr kann finanzielle Erwartungshaltung als intergenerationale und innerverwandtschaftlich konsolidierte Reziprozitätsnorm bezeichnet werden (vgl. ebd.). Portes und Sensenbrenner (1993) charakterisieren die Erwartungshaltung gegenüber dem ressourcenreichen Anderen als „[…] a strong instrumental orientation […]", um

---

[35] Mit Heterogenisierung sind zum einen die verwandtschaftliche und nichtverwandtschaftliche, aber auch ethnische Homo- und Heterogenisierung von sozialen Beziehungen zu verstehen, die im weiteren Verlauf der Masterarbeit ab Abschnitt 6.2 analysiert werden.
[36] Die Eltern machen bei ihren finanziellen Erwartungen keinerlei Unterschiede zwischen im eigenen Haushalt und außerhalb des eigenen Haushalts lebenden Kindern (ebd.).

möglichst eine Erfüllung der Erwartungen zu erreichen (1332). „[…] [I]ndividuals behave according to expectations not only because they must, but out of fear of punishment or in anticipation of rewards" (ebd.).

Angeknüpft an die zweite prägende Vorstellung von mechanischer Solidarität bei mediterranen Familien (s.o.), muss gerade die erwartete Kompensation von innerverwandtschaftlichen Ressourcenungleichheiten als einer von vier prägenden Konflikttypen[37] bei türkischen Migrantenfamilien bewertet werden. „Bei türkischen Befragten gehen fast alle Arten von ökonomisch-utilitaristischen Erwartungen, die an sie gestellt werden, [mit] größere[n] Konflikte[n] innerhalb der Familie einher [...]", die die intergenerativen verwandtschaftlichen Beziehungen besonders belasten können (Rabold/Diehl 2005: 287, vgl. 280f..). Mit Blick auf den Integrationsindikator Familien- und Erwerbsarbeit wirkt sicherlich noch verstärkend, dass gerade in türkischen Familien ein geringerer Anteil an Erwerbstätigkeit überhaupt und besonders von Frauen prägend ist und dadurch die finanziellen Erwartungshaltungen umso schwerer zu erfüllen sind (vgl. Abs. 5.1.3). Auch wenn Rabold und Diehl (2005) betonen, dass die Erwartungshaltung (gerade der Eltern) stärker wahrgenommen würden, als sie tatsächlich seien, manifestiert sich dennoch die reziproke Erwartungshaltung überhaupt als potentielles innerverwandtschaftliches Konfliktfeld (vgl. 280f..).

6.1.2.5 Zwischenfazits zu den großfamiliären sozialen Beziehungen

Verwandtschaftliche soziale Beziehungen zeichnen sich bei beiden ethnischen Gemeinschaften durch einen hohen Grad an innerfamiliärer Interaktionsdichte aus, die bei kernfamiliären höher als bei verwandtschaftlichen sozialen Beziehungen ist. Zudem ist eine hohe Interaktionsdichte in der türkischen und eine noch höhere in der italienischen Verwandtschaft festzustellen. Die kern- und großfamiliäre Familien- beziehungsweise Verwandtschaftsbezogenheit beider ethnischer Gemeinschaften kann zum einen auf die Spezifizität und die traditionelle Familienentwicklung und zum anderen auf das mediterrane extensive (weite) Verständnis von Familie zurückgeführt werden (vgl. Abs. 6.1.2.1). Durch die stetige Fertilitätsrate sind Mehrkindfamilien besonders in der türkischen Gemeinschaft heutzutage immer noch präsent, wodurch

---

[37] Weitere von Rabold und Diehl (2005) gemessene Konflikttypen sind erstens divergierende Vorstellungen vom (traditionellen) Leben, zweitens eine ungenügende Anpassung an die Lebensverhältnisse der älteren Generationen und drittens die Intoleranz gegenüber den gewählten sozialen Beziehungen außerhalb des Familien- und Verwandtschaftsverbundes (vgl. 278–89).

eine quantitative und intensive Interaktionsdichte bei sozialen verwandtschaftlichen Beziehungen gepflegt werden kann. Bei fehlender quantitativer Verwandtschaft erfolgt eine Extension dieser durch seitliche oder sogar quasi-verwandtschaftliche soziale Beziehungen, um eine traditionelle Verwandtschaftsdichte zu erreichen (vgl. Abs. 6.1.2.2).

Während die sozialen verwandtschaftlichen Beziehungen bei Italienern vor allem für Aktivitäten und nichtmonetäre Unterstützungsleistungen genutzt und so positiv bewertet werden, charakterisieren Türken die verwandtschaftlichen sozialen Beziehungen als disfunktionalen Zweckverband (im Aufnahmeland) mit einem hohen Grad an ökonomisch-utilitaristischen Interessen zwischen der Verwandten (vgl. 6.1.2.2–4). Bei beiden ethnischen Gemeinschaften konnten verwandtschaftliche soziale Beziehungen als Domäne von Frauen, in Form einer höherer Kommunikations- und Aktionshäufigkeit, bewertet werden, auch wenn in der türkischen gemeinschaftlichen Öffentlichkeit zumeist ein patriarchalisch-autoritär organisierter Verwandtschaftsverbund postuliert wird (vgl. ebd.). Die unausweichliche verwandtschaftliche Verbindung, welche als Stammes- oder Wir-Gefühl charakterisiert werden kann, setzt ein sowohl positives als auch negatives Solidarpotenzial und damit Normen der Reziprozität in den sozialen Beziehungen frei. Als positiv sind in beiden ethnischen Gemeinschaften nichtmonetärere reziproke verwandtschaftlich-generationale Unterstützungsleistungen zu bewerten, da diese einen hohen Sozialkapitalwert darstellen. Denn aus dem Sozialisationseffekt der verwandtschaftlichen sozialen Beziehungen ist Vertrauen erwachsen, welches eine annähernd redundante Sozialkapitalbilanz eines jeden erwarten lässt, wodurch die Bereitschaft, Normen der Reziprozität zu entsprechen, freiwillig gegeben erscheint (vgl. Abs. 6.1.2.2–3).

Ein eher negatives Solidarpotenzial ist unter den türkischen genrerationalen sozial-verwandtschaftlichen Beziehungen festgestellt worden. Durch die lebenslangen, reziprok-monetären und ökonomisch-utilitaristischen Verpflichtungen werden stark bindende, aber konfliktträchtige verwandtschaftliche soziale Beziehungen zwischen den Verwandten gefördert. Denn eine individuelle außerverwandtschaftliche und möglicherweise doppelintegrative Entwicklungsrichtung wird zum Teil durch hohe (wenn möglich) ökonomische und (eigentlich immer) soziale Exklusionskosten sanktioniert. Dadurch kann eine individuelle Teil- oder Vollablösung aus den zum Beispiel monetären Verpflichtungen nur durch die individuell vorhandene

Kompensationsfähigkeit dieser Kosten gelingen. Dementsprechend ist eine vollkommene Ablösung gerade wegen der hohen sozialen Exklusionskosten aus freiwilliger Wahl in hohem Maße unwahrscheinlich, weshalb in diesem Fall die Normen der Reziprozität eher unfreiwillig unter der Zuhilfenahme der sozialen Kontrolle eingehalten werden (vgl. Abs. 6.1.2.4).

6.2 Nichtverwandtschaftliche soziale Beziehungen

Nachdem im ersten Teil der Komplex der familiär-verwandtschaftlichen sozialen Beziehungen im Vordergrund stand, werden nun folgend nichtverwandtschaftliche soziale Beziehungen, separiert in bekanntschaftliche und freundschaftliche, analysiert. Nach der Vorstellung von zwei zusätzlichen Analysekomponenten für nichtverwandtschaftliche soziale Beziehungen wird im zweiten Abschnitt eine Bestandsaufnahme der bekanntschaftlichen Kontakthäufigkeit gegeben und zudem die quantitativ-freundschaftliche Ausprägung der beiden ethnischen Gemeinschaften in die Gesamtgesellschaft hinein analysiert. Im dritten Abschnitt wird, in Anlehnung an die Analyse von inter- und intraethnischen (Ehe-)Partnerschaften, auf die Selektionskriterien eingegangen, indem die Ausprägung von freundschaftlichen sozialen Beziehungen anhand von homophilen Merkmalen geprüft wird (vgl. Abs. 6.1.1.1). In den weiteren Abschnitten soll auf das besondere mediterrane Verständnis von freundschaftlichen sozialen Beziehungen in den beiden ethnischen Gemeinschaften eingegangen werden.

6.2.1 Zusätzlich zu berücksichtigende Analysekomponenten

Bei der Analyse von nichtverwandtschaftlichen sozialen Beziehungen der beiden ethnischen Gemeinschaften soll bei freundschaftlichen sozialen Beziehungen ein Effekt mitberücksichtigt werden, welcher für die Herausbildung von brückenbildenden sozialen Beziehungen eine besondere Rolle spielt. Im Rückgriff auf die analysierten kernfamiliären und großfamiliär-verwandtschaftlichen sozialen Beziehungen soll ein möglicher Zusammenhang zwischen familiär-verwandtschaftlichen und nichtverwandtschaftlichen sozialen Beziehungen additional in Betracht gezogen werden.

„Die diesbezügliche Substitutionsthese besagt, dass Familien- und Verwandtschaftsnetzwerke durch Freundschaftsnetzwerke ersetzt werden können und eine starke Einbindung in verwandtschaftliche Aktivitäten eine Reduzierung der Freundschaftskontakte bedingt" (ebd.: 229).

Die Substitutionsthese geht davon aus, dass für die Unterhaltung sozialer Beziehungen überhaupt nur ein begrenztes Kontingent an Ressourcen (besonders Zeit) zur Verfügung steht, welches nicht beliebig erweitert werden kann. Dementsprechend stellt die Substituierbarkeit der starken und bindenden familiär-verwandtschaftlichen durch starke oder schwache brückenbildende soziale Beziehungen eine gesonderte Herausforderung an die Migranten der beiden ethnischen Gemeinschaften dar (vgl. Abs. 6.1.2.5).

Zudem soll bei der Analyse der beiden Formen nichtverwandtschaftlicher sozialer Beziehungen der beiden ethnischen Gemeinschaften (in die Gesamtgesellschaft hinein) das Konzept der sozialen Distanz mit berücksichtigt werden (vgl. Abs. 6.1.1 Fußnote 20). Dieses geht davon aus, dass mit längerer Aufenthaltsdauer beiderseits Erfahrungen gesammelt werden, die wiederum Doppelintegration oder eben soziale Distanz befördern können (vgl. Steinbach 2004: 52). Hierbei sind für die Analyse die drei idealtypischen Erklärungen der sozialen Distanz interessant und werden auf Grund dessen verwendet:

„1. kulturelle Angleichung der beteiligen Gruppen bei gleichzeitiger Abnahme der sozialen Distanz; 2. eine stabile kulturelle Distanz, die mit einer Reduzierung der sozialen Distanz einhergeht, und 3. sowohl die kulturelle als auch die soziale Distanz bleiben bestehen und es kommt zu einer relativ stabilen und dauerhaften Grenzziehung […]" (Steinbach 2004: 52).

An dieser Stelle sei noch einmal darauf hingewiesen, dass lediglich die ethnischen Gemeinschaften analysiert werden, wodurch eine etwaige soziale Distanz der Gesamtgesellschaft nicht ausführlich mit in die Analyse einfließt, auch wenn Gesamtgesellschaft peripher erwähnt wird. Das Konzept der sozialen Distanz wird lediglich als ergänzende Analysehilfe in diese Masterarbeit eingeführt. Andere Aspekte des Konzepts von sozialer Distanz wie die soziale Schließung, die Konkurrenz um knappe Güter oder die Beschaffenheit von Gruppengrenzen finden dementsprechend keine Berücksichtigung und werden auf Grund dessen auch nicht erörtert (vgl. ebd.: 53–64).

6.2.1.1 Ausprägungen von bekanntschaftlichen Beziehungen

Wie schon bei der Analyse der kernfamiliären sozialen Beziehungen spielen auch bei den nichtverwandtschaftlichen sozialen Beziehungen die Gelegenheitsstrukturen eine wichtige Rolle, um überhaupt soziale Beziehungen außerhalb des familiär-verwandtschaftlichen Kontextes eingehen zu können (vgl. Abs. 6.1.1.2). In diesem Abschnitt soll zum einen die bekanntschaftliche Kontakthäufigkeit überhaupt zur Gesamtgesellschaft erörtert werden. Zum anderen wird die Quantität anhand freundschaftlicher Beziehungen erörtert, um auch die homogene Ausprägung der sozialen Beziehungen erörtern zu können. Die Kontakte werden nicht nach den Feldern der Gelegenheitsstruktur untergliedert, da lediglich für die türkische Gemeinschaft Daten vorliegen (vgl. Abs. 4.3; BAMF 2008: 269-72).

> „Unstrittig zu sein scheint, dass Kontakte zu Personen der Aufnahmegesellschaft zur […] [Doppel-]Integration notwendig sind. Insofern kann ein geringer Grad an ethnischer Homogenität der Beziehungsnetzwerke als gelungene […] [Doppel-]Integration interpretiert werden, während umgekehrt das Fehlen interethnischer Kontakte bei gleichzeitiger Beibehaltung der Kontakte zu Angehörigen der Herkunftsgesellschaft als ‚ethnische Segregation'[…] betrachtet werden kann" (Haug 2002: 397f.).

Hinsichtlich der Kontakthäufigkeit haben türkische Befragte weniger Kontakte zu Deutschen als zu eigenethnischen Befragten, während bei den italienischen Befragten die Kontakte zu Deutschen im Vergleich quantitativ überwiegen (vgl. BAMF 2010: 20). Die geschlechtsspezifische Auswertung kam zu dem Ergebnis, dass „[…] jede dritte Türkin […] gar keinen oder nur seltenen Kontakt zu Deutschen […]" hat (ebd.). „Da türkische Frauen selten an für Deutsche üblichen Freizeitaktivitäten teilnehmen, haben sie geringere Chancen, Freundschaften zu Deutschen zu schließen" (Haug 2006b: 80). Dennoch ist der prozentuale Anteil der türkischen Migranten, die keinen Kontakt zu Deutschen haben (relativ betrachtet), gering. Denn lediglich 15 % haben keinen Kontakt zu Deutschen, wobei der Männeranteil um einiges geringfügiger sein müsste, da der Frauenanteil mit ungefähr einem Drittel sehr hoch ist (vgl. BAMF 2008: 271). Für die italienischen Befragten kann bei den bekanntschaftlichen Kontakten zu Deutschen zudem noch hervorgehoben werden, „[…] dass die allgemeine soziale Vernetzung [im Vergleich zu den Türken] ungefähr gleich ist […]. So hat es den Anschein, als ob die […] soziale Vernetzung […] sich wechselseitig kompensiert" (BiB 2004: 64).

Bei der Kontakthäufigkeit der türkischen und auch italienischen Befragten sind jedoch zum Teil eklatante Unterschiede bei den Studien und Datenerhebungen von Wissenschaftlern auffällig (vgl. BAMF 2008; BiB 2004; Haug 2003a und b, 2006b). Genauer betrachtet werden sollen an dieser Stelle die Datenerhebungen von Haug (2003a und b, 2006b), da an diesen besonders gut die Varianz der erhobenen Daten erläutert werden kann. Haug (ebd.) differenzierte bei ihrer Erhebung in den beiden ethnischen Gemeinschaften zwischen vollem und halbem Migrationshintergrund sowie zwischen erster und zweiter Generation, wodurch die Diskrepanz der Daten, wie sie selbst betont, deutlich wird (vgl. Haug 2006b: 80f.). Bei der Kontakthäufigkeit zu Deutschen stehen türkische Befragte den italienischen Befragten in nichts nach, wobei ein prozentual anteiliger Anstieg von der ersten zur zweiten Generation in beiden ethnischen Gemeinschaften festgestellt werden konnte (vgl. Haug 2003a: 107ff.). Auffällig ist, dass die heterogene bekanntschaftliche Kontakthäufigkeit zu Deutschen bei Befragten mit halbem türkischen oder italienischen Migrationshintergrund enorm zunimmt, wodurch eine indirekte Wirkung von interethnischen (Ehe-)Partnerschaften durch Nachkommen festgestellt werden kann (vgl. Haug 2003b: 722f..).

> „Eine multivariate Analyse hat gezeigt, dass unter Kontrolle der ethnischen Abstammung […] der Befragte mit einem binationalen Elternpaar im Vergleich zu Befragten mit ausländischen Elternpaaren die Wahrscheinlichkeit, Kontakte zu Deutschen zu haben, um mehr als das Doppelte erhöht ist […]" (Haug 2006b: 82).

Mit der (objektiven) Zugehörigkeit zur ethnischen Gemeinschaft sowie zur Gesamtgesellschaft kann von einer Verringerung (wahrscheinlich von beiden Seiten) der sozialen Distanz ausgegangen werden.

Für die türkische Gemeinschaft konnte mit dem Arbeitsplatz und der Nachbarschaft eine wichtige Gelegenheitsstruktur zum Aufbau und zur Unterhaltung von Kontakten (und daraus möglicherweise sogar entstehenden freundschaftlichen sozialen Beziehungen) zu Deutschen ermittelt werden. So haben mehr als drei Viertel am Arbeitsplatz und in der Nachbarschaft häufig Kontakt zu Deutschen (vgl. BAMF 2008: 269f.). Negativ wirkt sich jedoch die Kontakthäufigkeit zu Deutschen aus, wenn subjektiv oder objektiv betrachtet der Ausländeranteil (unabhängig davon, ob der gleichen oder einer anderen Herkunft) in der Nachbarschaft hoch ist. Fatalerweise reduzieren sich die Kontakte zu Deutschen stark, wobei betont werden muss, dass auch von einer sozialen Distanz der Gesamtgesellschaft auszugehen ist (vgl. ebd.: 271).

„Türkische Migranten haben es dabei besonders schwer, denn die Größe und Homogenität ihrer Gruppe führt zu einem doppelten negativen Effekt" (BIBE 2009: 82).

Mit Homogenität ist nicht die ethnische Homogenität, sondern die Ausprägung anhand zum Beispiel bildungshomogamer Merkmale gemeint, da sich in der türkischen Gemeinschaft „[…] kaum Migranten aus der intellektuellen Elite des Landes [befinden], die als Vorbilder und Brückenbauer fungieren können" (ebd.). Die quantitative Größe der türkischen Gemeinschaft in Deutschland ermöglicht es den Migranten, sich bei gegebener geographischer Dichte (Ruhrgebiet, Berlin-Kreuzberg) auf die eigenethnische Infrastruktur zu konzentrieren, was nichts anderes als Binnenintegration bedeutet (vgl. ebd.: 36; BMI 2001: 231). „Sie [ethnische Kolonien] sind nicht die Ursache von Aus- und Abgrenzung der Zuwanderer […]. Sie können die Zuwanderer aber dazu verleiten, sich mit den dort gegebenen Möglichkeiten zufrieden zu geben […] und sich nicht intensiver um Kontakte zur Mehrheitsgesellschaft zu bemühen", wodurch Binnen- anstatt Doppelintegration perpetuiert wird (BMI 2001: 231).

6.2.1.2 Ausprägungen von freundschaftlichen Beziehungen

Ein weiterer Indikator zur Bestimmung der quantitativen Ausprägung von Kontakten in die Gesamtgesellschaft hinein wird nun anhand der Anzahl von freundschaftlichen sozialen Beziehungen vorgenommen. Wie bei der differenzierten Erörterung der bekanntschaftlichen Kontakthäufigkeit wird auch hierbei auf die Daten von Haug (2003a und b, 2005b) zurückgegriffen, um weiterhin eventuelle Unterschiede in beiden ethnischen Gemeinschaften zwischen vollem und halbem Migrationshintergrund zu berücksichtigen (vgl. Abs. 6.2.1.1). „Die Größe des Freundschaftsnetzwerks ist der einfachste Indikator des Ausmaßes der sozialen Einbettung" in die eigene ethnische Gemeinschaft oder in die Gesamtgesellschaft hinein (Haug 2005b: 241). Die soziale Einbettung „[…] ergibt sich aus der Anzahl der guten Freunde/Freundinnen außerhalb der Familie" (ebd.). Die hoch signifikante statistische Auswertung der Anzahl der Freunde ergab bei Italienern den Mittelwert 7,5 und bei Türken 8, wobei nur ein kleiner Unterschied in den Nachkommastellen bei halbem und vollem Migrationshintergrund festgestellt werden konnte.

Aus der geschlechtsspezifischen Perspektive konnte ein ebenfalls signifikantes Ergebnis erzielt werden, welches einen Einfluss des Geschlechts auf die Anzahl der Freunde ergeben hat (vgl. ebd.: 242–5). „Türkische Männer haben im Durchschnitt 9,4 Freunde, türkische Frauen aber nur 6,4. Hier ist der Geschlechterunterschied in der Netzwerkgröße besonders deutlich" (ebd.: 244). In der italienischen Gemeinschaft ist der Unterschied mit 8,3 Freunden bei den Männern und 6,7 Freundinnen bei den Frauen nicht so deutlich ausgeprägt. Besonders hervorzuheben ist die hohe Standardabweichung bei den männlichen türkischen Befragten mit vollem Migrationshintergrund (vgl. ebd.: 242ff., Haug 2003a: 103ff.). So geben einige bis zu 50 Freunde an, wodurch sich „[…] Mittelwertunterschiede zwischen beiden ethnischen Gruppen ergeben […], [die] somit hauptsächlich durch die Ausreißer […]" verursacht werden, denn der Median liegt bei beiden annähernd gleich (Haug 2003a: 103).

Die möglichen Ursachen für die Ausreißer werden an anderer Stelle in den nächsten Abschnitten vertiefend erörtert werden. Vorläufig kann jedoch festgehalten werden, dass eine Substitution von freundschaftlichen sozialen Beziehungen durch verwandtschaftliche soziale Beziehungen in beiden ethnischen Gemeinschaften und besonders in der türkischen Gemeinschaft nicht stattfindet, da die Anzahl im Durchschnitt sogar leicht über den normalen Ausprägungen liegt (vgl. Haug 2003a: 103ff., 2005c: 242–5). Vielmehr bestätigen weitere Studien den Befund, dass „Personen mit vielen Familienangehörigen […] auch viele Freunde […]" haben (Haug 2005b: 245). Die Substitutionshypothese kann nur unter der Annahme vorläufig bestätigt werden, dass Migranten eine (relativ) geringe Anzahl an verwandtschaftlichen sozialen Beziehungen im Aufnahmeland besitzen, da es zu keiner weitläufigen Kettenmigration oder Extension des Verwandtschaftskreises gekommen ist (vgl. Abs. 6.1.2.1). Dabei kann aber noch keine Aussage darüber getroffen werden, ob diese Beziehungen durch inter- oder intraethnische soziale Freundschaftsbeziehungen substituiert werden. Dementsprechend wird die weitere Analyse sich mit den Selektionskriterien, vor allem dem Homogenitäts- und Heterogenitätsaspekt, von freundschaftlichen sozialen Beziehungen auseinandersetzen.

6.2.1.3 Selektionskriterien von freundschaftlichen Beziehungen

Aufbauend auf der Analyse der Selektionskriterien der interethnischen (Ehe-)Partnerschaften wird in diesem Abschnitt auf die homophile Merkmalsausprägung eingegangen (vgl. Abs. 6.1.1–6.1.1.2, 6.1.1.4). „Homophilie bezeichnet eine Präferenz für [partnerschaftliche und/oder freundschaftliche] Beziehungen zu Personen, die in bestimmten Merkmalsdimensionen gleiche Merkmale […]" wie die Person selbst aufweisen (Haug 2005c: 259). Die gleichen Ausprägungen in den Merkmalsdimensionen resultieren häufig aus „[…] alters-, geschlechts-, bildungs- oder einkommenshomophilen und auch ethnisch homogenen […]" sozialen Beziehungen (ebd.). In der Analyse wird lediglich der Aspekt der ethnischen Homo- oder Heterogenität untersucht werden.

Der Anteil an ausschließlich ethnisch homogenen freundschaftlichen sozialen Beziehungen liegt bei türkischen Frauen (32%) mit fast einem Drittel deutlich vor türkischen Männern (23 %), welcher sich (fast) äquivalent zu italienischen Frauen (23 %) und Männern (21 %) verhält (vgl. Haug 2005c: 260f.). Außergewöhnlich sind die Ergebnisse bei italienischen Befragten mit halbem Migrationshintergrund, sowohl bei Frauen als auch bei Männern. Deren (italienischer) Homogenitätsanteil liegt lediglich bei 6,8 % und 6,7 % bei den Frauen und Männern, wohingegen er bei türkischen Befragten mit halbem Migrationshintergrund bei den Frauen mit 19,7 % und mit 23 % bei den Männern den Befragten mit vollem türkischen Migrationshintergrund näher kommt (vgl. ebd.). Bei den türkischen wie auch bei den italienischen Befragten mit halbem oder vollem Migrationshintergrund lässt sich eine eindeutige Tendenz zu heterogeneren freundschaftlichen sozialen Beziehungen von der ersten zur zweiten Generation erkennen. Zu betonen ist hierbei die ähnliche prozentuale Reduzierung der ersten Generation bei unterschiedlicher Ausgangslage im Vergleich mit den Befragten mit vollem Migrationshintergrund.[38] Erstaunlicher ist die Abnahme der Homogenität in der zweiten Generation bei den italienischen Befragten mit halbem Migrationshintergrund, die nur noch ein Drittel zur Vorgängergeneration beträgt, im Vergleich zu türkischen Befragten mit halbem Migrationshintergrund (vgl. ebd.: 262f.).[39] Wie bereits bei der bekanntschaftlichen Kontakthäufigkeit, so kann ebenfalls

---

[38] Bei den italienischen Befragten von 27 % in der ersten auf 19 % in der zweiten Generation und bei den türkischen Befragten von 32 % in der ersten auf 23 % in der zweiten Generation (vgl. Haug 2005c: 262f.).
[39] Bei den italienischen Befragten von 18 % in der ersten auf 6 % in der zweiten Generation und bei den türkischen Befragten von 25 % in der ersten auf 16 % in der zweiten Generation (vgl. ebd.).

für freundschaftliche soziale Beziehungen eine indirekte Wirkung von interethnischen (Ehe-)Partnerschaften durch die Folgegeneration festgestellt werden. Zwar sinkt die prozentual anteilige Homogenität der freundschaftlichen sozialen Beziehungen bei Befragten mit vollem Migrationshintergrund intergenerational ebenfalls kontinuierlich, jedoch ist die prozentual anteilige Homogenität bei der ersten Generation der Nachkommen aus interethnischen Ehen von vornherein niedriger (vgl. ebd.).

> „Der Effekt ist auf den Faktor der binationalen Eltern zurückzuführen; Befragte mit deutschem Elternteil haben eine mehr als 2fach erhöhte Wahrscheinlichkeit, deutsche Freunde zu haben" (ebd.: 268).

Eine gewisse Rolle auf Grund der unterschiedlichen Ausgangslage in der ersten Generation ist jedoch vermutlich ebenso auf die soziale Distanz der Gesamtgesellschaft zu Beginn zurückzuführen, da ansonsten die Ausgangslage zwischen türkischen und italienischen Befragten mit halbem Migrationshintergrund ähnlicher hätte gewesen sein müssen (vgl. ebd.: 262f..).

Die Ausprägung der anderen oben im Zitat erwähnten homophilen Merkmale wurde zum Teil schon bei der Analyse der interethnischen (Ehe-)Partnerschaft als mögliche logische Folge aus sozialen Beziehungen zum Beispiel der Gelegenheitsstrukturen erörtert (vgl. Abs. 6.1.1.2–4). Die nicht ungewöhnlich homophilen Merkmalsausprägungen bei Freunden und (Ehe-)Partnern ist dabei jedoch keine Besonderheit einer der beiden ethnischen Gemeinschaften (vgl. Haug 2005c: 259). „Die Freundschaften stammen überwiegend aus Schul- und Arbeitskontexten, seltener werden die Nachbarschaft oder der Freundeskreis des Partners genannt" (Gersting et al. 2006: 44). Dementsprechend ist die Wahrscheinlichkeit von freundschaftlichen sozialen Beziehungen auf Grund ähnlicher homophiler Merkmalsausprägungen und der damit wahrscheinlich ähnlichen bis gleichen Gelegenheitsstrukturnutzung als hoch zu bewerten.

> „Die Präferenz für Kontaktpersonen, die gleiche Eigenschaften und Verhaltensweisen wie ‚Ego' aufweisen, und die daraus resultierenden homogenen Netzwerke hängen zunächst mit fehlenden Gelegenheiten zusammen, Personen, die sich außerhalb der eigenen sozialen Umwelt bewegen, kennen zu lernen (Haug 2006b: 81).

Hieraus kann aber nicht abgeleitet werden, ob die ethnische Abstammung das determinierende Selektionskriterium bei gleichzeitig gegebener alters-, geschlechts-, bildungs- und einkommenshomophiler Merkmalsausprägung sein kann, um freundschaftliche soziale Beziehungen einzugehen. Durch die Berücksichtigung der Daten von Befragten mit halbem Migrationshintergrund konnte jedoch eine deutliche Präferenz für heterogene freundschaftliche soziale Beziehungen von Nachkommen (Folgegeneration) aus binationalen Ehen oder Partnerschaften festgestellt werden (s.o.).

6.2.1.4 Erstes Zwischenfazit zu nichtverwandtschaftlichen Beziehungen

Die Ausprägung bekanntschaftlicher sozialer Beziehungen zur Gesamtgesellschaft hin ist in beiden ethnischen Gemeinschaften ähnlich stark. Lediglich bei türkischen Frauen liegt der Anteil bekanntschaftlicher sozialer Beziehungen in die Gesamtgesellschaft hinein deutlich niedriger. Als hilfreiche Gelegenheitsstrukturen stellen sich der Arbeitsplatz und die Nachbarschaft dar, denn über drei Viertel der Kontakte zur Gesamtgesellschaft werden durch diese bedingt. Negativ auf den Aufbau von bekanntschaftlichen sozialen Beziehungen wirkt sich in der Nachbarschaft ein subjektiv oder objektiv vorhandener höherer Ausländeranteil aus. Für beide ethnische Gemeinschaften kann festgestellt werden, dass schwache und brückenbildende bekanntschaftliche soziale Beziehungen durch Personen mit halbem Migrationshintergrund häufiger unterhalten werden. So konnte bei den Nachkommen von interethnischen (Ehe-)Partnerschaften eine mehr als doppelt so hohe Wahrscheinlichkeit von bekanntschaftlichen sozialen Beziehungen in die Gesamtgesellschaft hinein prognostiziert werden (vgl. Abs. 6.2.1.1).

Bei der Erörterung der Anzahl freundschaftlicher sozialer Beziehungen konnte eine annähernd gleich hohe Präferenz festgestellt werden, wobei in Einzelfällen eine Präferenz für eine ungewöhnlich hohe Anzahl freundschaftlicher sozialer Beziehungen deutlich wurde (vgl. 6.2.1.2). Der Homogenitätsanteil bei den freundschaftlichen sozialen Beziehungen liegt bei den Befragten mit vollem Migrationshintergrund bei den türkischen Männern und italienischen Frauen und Männern mit rund einem Fünftel ähnlich hoch, wobei bei türkischen Frauen ein Homogenitätsanteil von einem Drittel festgestellt werden konnte. Besonders bei italienischen Befragten mit halbem Migrationshintergrund konnte im Zeitverlauf ein deutlicher Rückgang des Homogenitätsanteils festgestellt werden, welcher wie bei bekanntschaftlichen sozialen Beziehungen auf das Vorhandensein eines deutschen Elternteils zurückgeführt werden kann. Ungeklärt bleibt, ob die ethnische Abstammung als homophiles determinierendes Selektionskriterium bezeichnet werden kann oder ob andere homophile Merkmale nicht doch eine entscheidendere Wirkung ausüben können (vgl. Abs. 6.2.1.3). Ebenso wenig konnten leider weitere Daten zum Einfluss des Grades an Religiosität in Verbindung mit der ethnischen Abstammung gefunden werden, die bei interethnischen (Ehe-)Partnerschaften zum Teil zum Tragen kommen (vgl. Abs. 6.1.1.2). Interessant wäre sicherlich, ausgehend von der Annahme, dass platonische soziale Beziehungen potenzielle (Ehe-)Partnerschaftsbeziehungen werden können, den Einfluss der Religiosität auf die Wahl von freundschaftlichen sozialen Beziehungen zu analysieren. Denn die Reduzierung der Homogenität bei freundschaftlichen sozialen Beziehungen von Migranten mit vollem Migrationshintergrund von der ersten zur zweiten Generation beider ethnischen Gemeinschaften kann nur spekulativ auf die geringere soziale Distanz (möglicherweise der ethnischen Gemeinschaft und der Gesamtgesellschaft) zurückgeführt werden. Insgesamt sind homophile Merkmale als Selektionskriterien in ihrer direktionalen und möglicherweise kausalen Wirkung bei (Ehe-)Partnerschaften und freundschaftlichen sozialen Beziehungen von einer Komplexität, die durch eine Analyse der gemeinsamen Wirkungskraft modifiziert erfolgen müsste.

6.2.2 Mediterranes Verständnis von freundschaftlichen Beziehungen

Neben dem hervorgehobenen mediterranen Verständnis von verwandtschaftlichen sozialen Beziehungen beider ethnischer Gemeinschaften muss auch von einem divergierenden Verständnis von freundschaftlichen sozialen Beziehungen ausgegangen werden (vgl. Abs. 6.1.2.1–4). Anlass zu dieser Vermutung gibt zum Beispiel die Tatsache der quantitativ extensiven Anzahl von angegebenen freundschaftlichen sozialen Beziehungen, besonders bei männlichen Befragten der türkischen Gemeinschaft (vgl. Abs. 6.2.1.2). Denn

> „[n]eben den Umweltfaktoren der Aufnahmegesellschaft (den Opportunitäten, Barrieren und Alternativen) spielen die personalen Faktoren der Zuwanderer (Motive, Kognition, Attribuierung und Widerstand) […] eine entscheidende Rolle" (Steinbach 2004: 91).

Hierbei steht neben dem Einfluss der eingefügten direkten (und indirekten) Kapitalformen in den Integrationsindikatoren als homophile Selektionsmerkmale von freundschaftlichen sozialen Beziehungen in zum Beispiel der Gelegenheitsstruktur (vgl.

3.1.1, 5.1.2–3) auch das inhaltliche Verständnis von Freundschaft in beiden ethnischen Gemeinschaften im Vordergrund. Denn wie Haug (2003b) bemerkt, kann nicht ausgeschlossen werden, dass der Ausdruck „Freunde" oder sogar „gute Freunde" kulturell variiert. „Ergebnisse mit zum Teil höheren Durchschnittswerten sind nicht überraschend […] [‚da] der Freundschaftsbegriff schichtspezifisch oder interkulturell variieren kann […]" (722, Fußnote 6). Ebenso wird bei der Studie „Muslimisches Leben in Deutschland" (2008) angemerkt, dass von den Befragten „[…] trotz der eindeutiger Frageformulierung […]" von einem anderen Verständnis von Freundschaft auszugehen sei (BAMF 2008: 266). Aus diesem Grund soll nun folgend versucht werden, das Verständnis von nichtverwandtschaftlichen sozialen Beziehungen an der verwandtschaftlichen homo- oder heterogenen Multiplexität der sozialen Beziehungen zu analysieren, um darauf aufbauend die Bedeutung von freundschaftlichen sozialen Beziehungen hervorzuheben.

6.2.2.1 Homo- und heterogene freundschaftliche Multiplexität

Die Multiplexität[40] von sozialen Beziehungen wird gemessen „[…] über die durchschnittliche Anzahl der Aktivität, die mit jedem Netzwerkmitglied durchgeführt […]" wird (Nauck et al. 1997: 486). Dementsprechend ist diese am höchsten, „[…] wenn alle Aktivitäten mit identischen Netzwerkmitgliedern vorgenommen werden" (ebd.). Mit homogener und heterogener Multiplexität ist in der weiteren Analyse dieser Masterarbeit die verwandtschaftliche und nichtverwandtschaftliche Aktivität gemeint. Leider kann auf Grund fehlender Daten und wissenschaftlicher Literatur in diesem Abschnitt größtenteils lediglich die türkische Gemeinschaft analysiert werden (vgl. BAMF 2005).

Zu türkischen Verwandten besteht, wie schon deutlich wurde, eine hohe Interaktionsdichte, sodass geringere Ressourcen zur Kommunikation für freundschaftliche soziale Beziehungen übrig bleiben (vgl. Nauck/Kohlmann 1997: 220f., Abs. 6.1.2.2–3). Noch deutlicher wird die Diskrepanz im Bereich der Freizeitaktivitäten, mit einer höheren Fokussierung auf die Kernfamilie, mit der bis zu 70 % der Aktivitäten in der Freizeit unternommen werden. Dagegen verbringen

---

[40] Nauck und Kohlmann (1997) differenzieren Multiplexität in: *Informationen* (Besprechen persönlich wichtiger Angelegenheiten); *Emotionen* (eine persönliche Bindung haben und dadurch Freizeit miteinander verbringen); *Dienstleistungen* (Hilfe geben und Hilfe erhalten) (vgl. 220f.).

türkische Frauen mit eigenethnischen (gleichgeschlechtlichen) freundschaftlichen sozialen Beziehungen die Hälfte der Freizeit, wohingegen mit der Verwandtschaft, aber auch mit deutschen freundschaftlichen sozialen Beziehungen gerade einmal 10 % der Freizeit verbracht werden (vgl. Nauck/Kohlmann 1997: ebd.). Der „[…] auftretende Geschlechterunterschied […]" kann auch darauf zurückgeführt werden, dass „[…] von türkischen Frauen verlangt […] [wird], nicht an bei Deutschen üblichen Freizeitaktivitäten teilzunehmen […]" (Haug 2003b: 725). Zudem muss in dieser Masterarbeit bei dem hohen Anteil an nichtverwandtschaftlichen, aber ethnisch homogenen Freizeitaktivitäten der Frauen von einem additionalen Einfluss der Integrationsindikatoren auf freundschaftliche soziale Beziehungen ausgegangen werden (vgl. ebd., Abs. 5.1.2–3). Türkische Frauen haben durch seltenere Erwerbstätigkeit und häufigere Mutterschaft geringere Chancen, die Freundschaften mit Deutschen aufrecht zu erhalten (vgl. Haug 2006b: 80, Abs. 6.1.1.3). Denn für den Entwicklungsverlauf von freundschaftlichen sozialen Beziehungen ist es nicht unüblich, „[…] dass die relativ umfangreichen und intensiven außerfamiliären und interethnischen Kontakte aus der Schul- und Ausbildungsphase nach der Heirat und der Geburt des ersten Kindes stark schrumpfen" (Gersting et al. 2006: 37). Insgesamt sehen Gersting et al. (2006) eine „(un)freiwillige" Exklusion aus gesamtgesellschaftlichen freundschaftlichen sozialen Beziehungen als Reaktion auf das innerfamiliäre sanktionierende Verhalten als Grund für die entstehende ethnische Homogenität bei den freundschaftlichen sozialen Beziehungen. Zum überwiegenden Teil ist die ethnische Homogenität sogar gewollt und in einigen Fällen besteht sogar der Wunsch nach Kontakten zu Deutschen gar nicht mehr (vgl. Gersting et. al. 2006: 42f.). Dies sei dabei aber lediglich eine präventive „[…] Reaktion auf die Erkenntnis, mit den deutschen Freundinnen nicht ‚mithalten' zu können, da sie nicht dieselben Freiheiten haben" (ebd.: 43).

Haug (2003b) konnte bei einer Befragung nach den drei besten Freunden unter italienischen und türkischen Migranten mit halbem und vollem Migrationshintergrund herausfinden, dass auch hier eine deutliche Präferenz für multiplex-heterogene soziale Beziehungen von Nachkommen aus binationalen Ehen oder Partnerschaften besteht (vgl. Abs. 6.2.1.3). Zwar bemerkt Haug (2003b), dass die Frageformulierung und damit der Freundschaftsbegriff auch hier zu Messfehlern führen könnten, aber allein durch die notwendige Beschränkung auf drei Freunde von einer engeren Bindung zu diesen auszugehen sei (vgl. 723f., Abs. 6.2.2). Demnach befinden sich bei italienischen

Befragten mit halbem Migrationshintergrund mit 77 % sehr häufig nur deutsche Freunde, wohingegen bei türkischen Befragten mit halbem Migrationshintergrund mit 28 % im Vergleich weniger häufig nur deutsche Freunde zu finden sind. Bei Befragten mit vollem Migrationshintergrund sind sowohl bei italienischen (40 %) als auch bei türkischen (63 %) Befragten gar keine deutschen Freunde zu finden (vgl. Haug 2003b: 724f.). Neben dem zeitlichen Generationseffekt, der sowohl bei interethnischen (Ehe-)Partnerschaften als auch bei freundschaftlichen sozialen Beziehungen zu einer tendenziellen Zunahme führt, stehen binationale Nachkommen engeren (starken) und brückenbildenden sozialen Beziehungen mit Deutschen offener gegenüber (vgl. Haug 2005c: 257f.., Abs. 6.1.1.2).

6.2.2.2 Freundschaftliche Reziprozität und Vertrauen

Die mit der Zentrifugalkraft zusammenhängende besonders ausgeprägte verwandtschaftliche Hilfsbereitschaft (Vergabe und Erhalt) in der direkten Nachkommenschaft, mit leichter tendenzieller Abnahme bei der geraden und seitlichen Verwandtschaftslinie, hat für freundschaftliche soziale Beziehungen eine vernachlässigbar gering ausfallende Hilfsbereitschaft[41] zur Folge (vgl. Nauck/Kohlmann 1997: 222f.., Abs. 6.1.2.3–4). Die Begründung dafür sehen Nauck und Kohlmann (1997) in der sich zwar modernisierenden türkischen Gattenfamilie, die jedoch in ihren expressiven Funktionen in klaren „[…] Aufgabenallokationen nach Geschlecht und Generation […]" strukturiert bleibe (224). „Hierbei zeigen Kontakt- und Distanzmaße eine deutliche Tendenz zur Beibehaltung von in der Herkunftskultur dominierenden patrilinearen und patrilokalen Organisationsformen", wodurch enge bekannt- und freundschaftliche Kontakte zur Gesamtgesellschaft marginal bleiben (ebd., vgl. Abs. 6.1.2.2, 6.2.2.1). Auch Gersting et al. (2006) stellen fest, dass wegen „[…] dieser Einstellungen die engsten Freunde überwiegend türkischer Herkunft" sind und sich „Deutsche […] dagegen meist eher in der Peripherie der Netzwerke" von Migranten befinden (45).

> „Deutsche Kontaktpersonen werden extrem häufig bei dem Besprechen wichtiger Probleme genannt, enge Bindungen und Freizeitaktivitäten spielen dagegen eine untergeordnete Rolle" (Nauck et al. 1997: 487f.).

---

[41] Hierbei konnte auch kein Unterschied zu eigenethnischen oder deutschen Freunden festgestellt werden (vgl. Nauck/Kohlmann 1997: 222f.).

Das ausgeprägte Distanzmaß[42] ist dabei „[...] vielmehr Ausdruck einer kulturell stark abgestützten Strategie, in persönlichen [familiär-verwandtschaftlichen] Beziehungen möglichst viele Personen durch eine positive Hilfebilanz auf sich zu verpflichten" (Nauck/Kohlmann 1997: 224). Damit steigt natürlich zum einen die Familie und auch die Verwandtschaft zu einem sozialen (Sicherungs-)Netz auf, zum anderen wird damit aber Hilfsbereitschaft als „[...] universal-altruistisches Verhalten [...]" gleichzeitig von engen unausweichlichen Beziehungen abhängig gemacht (vgl. ebd., Abs. 6.1.2.2–4).

> „Daraus lassen sich einige Hinweise entnehmen, die als Unterschied zwischen Verwandtschaftsbeziehungen in kollektivistischen Kulturen und individualistischen Kulturen andererseits gedeutet werden können" (Nauck/Kohlmann 1997: 226).

In individualistischen Kulturen wie Deutschland konzentriert sich die verwandtschaftliche Hilfsbereitschaft auf gerade Verwandtschaftslinien (zumeist die Kernfamilie), wohingegen in kollektivistischen Kulturen wie die Türkei oder auch Italien die verwandtschaftliche Hilfsbereitschaft in extensiveren Kreisen verläuft (vgl. ebd., Abs. 6.1.2.2–4). Zudem ist in individualistischen Kulturen ein universal-altruistisches Verhalten, also „[...] die positive Hilfsbilanz [...] ein wichtiges Instrument für die Steigerung sozialer Anerkennung [...]" (Nauck/Kohlmann 1997: 224).

Eine allumfassende multiplexe Aktivität von türkischen Migranten mit vollem Migrationshintergrund mit Deutschen und damit möglicherweise die Herausbildung von starken und brückenbildenden freundschaftlichen sozialen Beziehungen liegen größtenteils nicht vor (vgl. Abs. 6.2.2.1). Auffällig ist dabei, dass das „[...] Besprechen persönlich wichtiger Angelegenheiten eine weitaus geringere Bedeutung für die familialen und verwandtschaftlichen Beziehungen hat" und von deutschen Freunden kompensiert wird (ebd.: 226). Offen bleibt dabei auch, ob es sich um eine freiwillige Kommunikation über persönliche Angelegenheiten[43] mit deutschen Freunden handelt, oder ob diese Kommunikation auf Grund von fehlenden familiär-verwandtschaftlichen Alternativen zustande kommt (vgl. ebd.). „[D]ie stärkere Bedeutung von (insbesondere gleichgeschlechtlichen) Freundschafts- und Kameradschaftsbeziehungen [Bekanntschaftsbeziehungen] mit Angehörigen der eigenen Ethnie und solchen der

---

[42] Die polaren Positionen in dieser Messskala sind dabei zum einen die soziale Distanz und zum anderen die soziale Integration. Diese korreliert dabei mit den jeweiligen Kontaktmaßen. Je mehr heterogene Kontakte es gibt, desto weniger soziale Distanz besteht (vgl. ebd.: 224f.).
[43] Nauck und Kohlmann (1997) verweisen auf aufnahmelandspezifisches Fachwissen hin, welches zum Teil für Migranten schwerer zugänglich ist (vgl. 226f.).

Aufnahmegesellschaft [kann] keineswegs als Auflösung von Verwandtschaftsbeziehungen [...] gedeutet werden (Nauck/Kohlmann 1997: 219). Denn „[b]estimmte Aufgaben werden [...] nur vom Familiennetz übernommen [...] [und können] durch Freundschafts- oder Bekanntschaftsnetze nicht kompensiert werden" (Gersting et al. 2006: 43).

Insgesamt verfügen türkische Migranten, zumindest auf einer Ebene, über einen multiplexen Anteil an ethnisch heterogenen sozialen freundschaftlichen Beziehungen, „[...] über mehr soziales Kapital, was sich vor allem [...] über eine vielfältigere emotionale Unterstützung [...]" äußert (ebd.: 44). Besonders bei türkischen Migranten mit vollem Migrationshintergrund kann eine (beibehaltende) Fokussierung auf instrumentelle (Hilfe-)Leistungen und expressive Freizeitaktivitäten[44] auf Grund einer auf Loyalität organisierten Verwandtschaftsstruktur festgehalten werden, die „[...] Hilfe in jeder Lage [...] [durch] Zusammenhalt in der Fremde [...]" garantiert (Nauck/Kohlmann 1997: 207, vgl. Abs. 6.1.2.1–4). Dennoch bieten familiär-verwandtschaftliche soziale Beziehungen kein Gesamtpaket bei den Unterstützungsleistungen an, da emotionale (Unterstützungs-)Leistungen anscheinend von diesen nicht (oder nur zum Teil) erbracht werden (können). Hierdurch wird der Weg für ethnisch heterogenere und darauf aufbauend möglicherweise multiplex-heterogene freundschaftliche soziale Beziehungen freigemacht, wobei der Anteil nicht numerisch in Erfahrung gebracht werden konnte. Ausgehend davon, dass 10 % der freundschaftlichen sozialen Beziehungen mit Deutschen unterhalten werden, kann demzufolge zumindest bei diesen von einer emotionalen (Unterstützungs-)Leistung in Form der Besprechung von Problemen (oder Angelegenheiten) ausgegangen werden (s.o., vgl. Abs. 6.2.2.1). Demnach handelt es sich zwar um einen relativ geringen Anteil an brückenbildenden sozialen Beziehungen, jedoch spricht die Besprechung von Problemen (oder Angelegenheiten) zumindest in Ansätzen für die Vergabe von sozialem Vertrauen (vgl. Abs. 3.2.2.2). Damit kann jedoch keine Aussage darüber getätigt werden, ob hierdurch auch Normen der Reziprozität entstehen. Es ist jedoch von einer gewissen Verpflichtung zur Gegenleistung auszugehen, da ansonsten ein Abhängigkeitsverhältnis vorliegen würde (vgl. Abs. 3.3.2).

---

[44] Bei den türkischen Frauen handelt es sich dabei (nur) zur Hälfte um verwandtschaftliche und zur anderen Hälfte um ethnisch homogene freundschaftliche soziale Beziehungen (vgl. Abs. 6.2.2.1).

Demgegenüber sind verwandtschaftliche soziale Beziehungen bei italienischen Migranten mit vollem Migrationshintergrund „[…] auf Sympathie und expressive Aktivitäten gegründet, wobei bei ihnen eine starke Differenzierung von Verwandtschafts- und Freundschaftsbeziehungen erfolgt" (Nauck/Kohlmann 1997: 207, vgl. Abs. 6.1.2.2). Aus den wenigen Informationen, die zu freundschaftlichen beziehungsweise eher im Gegenteil zu verwandtschaftlichen sozialen Beziehungen gefunden werden konnten, kann auch mit Bezug auf die größere Bedeutung (unter den Top Drei) von deutschen Freunden davon ausgegangen werden, dass mehr brückenbildende freundschaftliche soziale Beziehungen bestehen (vgl. Abs. 6.2.2.1). Jedoch bleibt dabei im Verborgenen, ob es sich auch primär um emotionale (Unterstützungs-)Leistungen in Form der Besprechung von Problemen (oder Angelegenheiten) handelt. Denn expressive Freizeitaktivitäten werden ebenfalls zum großen Teil im Verwandtschaftsverbund getätigt, wodurch dementsprechend nur instrumentelle (Hilfe-)Leistungen (rein logisch) übrig bleiben würden. Offen bleibt, ob es sich um eine ethnische und heterogene Multiplexisierung der freundschaftlichen sozialen Beziehungen zugunsten von deutschen Freunden handelt und es damit zu einer Substitution von verwandtschaftlichen sozialen Beziehungen kommt.

6.2.2.3 Zweites Zwischenfazit zu nichtverwandtschaftlichen Beziehungen

Bei der homogenen und heterogenen Multiplexität von sozialen Beziehungen konnte eine deutliche Präferenz für verwandtschaftliche soziale Beziehungen bei den türkischen Migranten festgestellt werden, die bei Frauen nicht in dieser Form ausgeprägt ist. Türkische Frauen neigen bei sozialen Beziehungen eher zur Auflösung der verwandtschaftlich homogenen Multiplexität, die jedoch nicht mit ethnischer Heterogenität einhergeht und aus der keine Aussage über die Stärke oder die bindenden oder brückenbildenden Funktionen dieser freundschaftlichen sozialen Beziehungen gemacht werden können. Ebenso neigen mehr als drei Viertel der Migranten mit halbem italienischen Migrationshintergrund eher dazu, multiplex-heterogene und auch ethnisch heterogene soziale Beziehungen einzugehen, als Migranten mit halbem türkischen Migrationshintergrund, bei denen der Anteil lediglich ein Drittel beträgt. Dieses gilt besonders für die Wahl von engen (starken) sozialen Beziehungen, die damit eine anzunehmende starke brückenbildende Funktion aufweisen (vgl. Abs. 6.2.2.1).

Mit dem höheren Anteil an multiplex-homogenen verwandtschaftlichen sozialen Beziehungen bei türkischen Befragten mit vollem Migrationshintergrund beschränken sich die Aktivitäten mit deutschen Freunden zum großen Teil auf das Besprechen von Problemen oder Angelegenheiten, durch die deutsche Freunde eher in der Peripherie dieser Netzwerke zu finden sind (vgl. Abs. 6.2.2.2). Die Ursache dafür kann in kulturell geprägtem, zum großen Teil familiär-verwandtschaftlich zentriertem altruistischen Verhalten verortet werden, wodurch aus personenspezifischem kein soziales Vertrauen entsteht und generalisierte Reziprozität nicht auf die gesamtgesellschaftlichen Mitglieder übertragen wird (vgl. Abs. 3.2.2.1–2).

Dementsprechend kann von keiner Substitution von verwandtschaftlichen durch freundschaftliche soziale Beziehungen in großem Umfang ausgegangen werden. Eine Substitution findet lediglich bei emotionalen Unterstützungsleistungen durch einen größeren Anteil an ethnisch-heterogenen freundschaftlichen sozialen Beziehungen statt. Offen bleibt jedoch, ob es sich dabei um eine aus Alternativlosigkeit, also zum Beispiel zuvor nicht vorhandener Leistung, bedingte Kompensation handelt. Somit fällt durch diese brückenbildenden freundschaftlichen sozialen Beziehungen lediglich ein an bestimmte Unterstützungsleistungen gekoppeltes partikulares Sozialkapital an (vgl. Abs. 6.2.2.2).

Bei den italienischen Befragten kann lediglich die Aussage getroffen werden, dass ein höherer Anteil an starken und schwachen brückenbildenden sozialen Beziehungen besteht, wobei eine auf Leistungen bezogene Komposition (auf Grund fehlender Daten) nicht erörtert werden konnte. Es kann lediglich aus der Beschaffenheit der verwandtschaftlichen sozialen Beziehungen eine ähnlich veranlagte Unterstützungsleistungsfokussierung der freundschaftlichen sozialen Beziehungen angenommen werden. Somit würde sich mit hoher Wahrscheinlichkeit ein ebenso eher an bestimmte Leistungen gekoppeltes und damit partielles Sozialkapital aus diesen brückenbildenden sozialen Beziehungen ergeben (vgl. Abs. 6.2.2.2).

7. Schlussfazit und Ergebnisanalyse

Mit der Analyse von informellen sozialen Beziehungen nach verschiedenen Formen von sozialen Beziehungen (Netzwerken) und den dazugehörigen beiden anderen Komponenten des Sozialkapitals konnten verschiedene Ergebnisse (Bedingungen), die zum Teil schon in den Zwischenfazits erörtert wurden, extrahiert werden. Diese sollen nun zunächst einmal nach ermöglichender und verhindernder, doppelintegrativer struktureller Ausprägung des Sozialkapitals erörtert werden. Im daran anschließenden Abschnitt wird die ermöglichende und verhindernde, doppelintegrative kulturelle Ausprägung dargestellt. Darauf folgend werden die das Sozialkapital ethnischer Gemeinschaften ermöglichenden oder verhindernden Faktoren erörtert. Zudem werden im letzten Abschnitt des Schlussfazits die Wirkungen des gebildeten Sozialkapitals auf die Gesamtgesellschaft analytisch dargestellt.

7.1 Ermöglichende und verhindernde strukturelle Sozialkapitalausprägung

Als ermöglichende strukturelle Dimension des Sozialkapitals für eine Doppelintegration haben sich im familiär-verwandtschaftlichen Bereich der sozialen Beziehungen interethnische (Ehe-)Partnerschaften für die (insbesondere die italienischen) Nachkommen herausgestellt (vgl. Abs. 6.1.1.5). Bei diesen konnte ein hoher Anteil an ethnisch und auch multiplex-heterogenen sowie starken und zudem brückenbildenden freundschaftlichen Beziehungen festgestellt werden (vgl. Abs. 6.2.1.4, 6.2.2.3). Starke und brückenbildende freundschaftliche soziale Beziehungen sind bei den Nachkommen aus interethnischen (Ehe-)Partnerschaften um einiges wahrscheinlicher, wobei hier Migranten mit halbem italienischen Migrationshintergrund überdurchschnittlich häufig starke und brückenbildende ausgeprägte freundschaftliche soziale Beziehungen haben (vgl. Abs. 6.2.2.1). Bekanntschaftliche, also schwache soziale Beziehungen sind in beiden ethnischen Gemeinschaften ähnlich ausgeprägt, wobei türkische Frauen hier unterdurchschnittlich wenige brückenbildende soziale Beziehungen aufweisen (vgl. Abs. 6.2.1.1–2).

Als besonders hinderlich haben sich familiär-verwandtschaftliche soziale Beziehungen bei türkischen (besonders weiblichen) Migranten mit vollem Migrationshintergrund erwiesen. So verhindern ethnisch-kulturelle Präferenzen zum einen interethnische (Ehe-)Partnerschaften und zum anderen damit auch (nachhaltig) interethnische bekanntschaftliche und auch freundschaftliche soziale Beziehungen in der Gesamtgesellschaft und damit Doppelintegration (vgl. Abs. 6.1.1.5, 6.2.2.3). Trotz eines nicht nennenswert unterschiedlichen Anteils (im Vergleich zu italienischen Migranten) bekanntschaftlicher sozialer Beziehungen in die Gesamtgesellschaft hinein sind größtenteils nur schwache freundschaftliche soziale Beziehungen mit größtenteils multiplex-homogener Ausprägung, nämlich rein kommunikativer Art (in Form der Besprechung von Problemen oder Angelegenheiten), vorhanden (vgl. 6.2.2.3).

Bekanntschaftliche soziale Beziehungen sind in der türkischen Gemeinschaft im hohem Maße von der Gelegenheitsstruktur wie dem Arbeitsplatz und der Wohnumgebung abhängig, wodurch zumindest primär die soziale Distanz überwunden werden kann. Sekundär können individuelle Faktoren wie die Nichtteilhabe am Erwerbsleben oder ein subjektiv wahrgenommener hoher Ausländeranteil (sowohl in der ethnischen Gemeinschaft als auch in der Gesamtgesellschaft) die Gelegenheitsstruktur relativ einfach und zudem nachhaltig negativ beeinflussen, sodass der Aufbau und die Unterhaltung von schwachen, aber brückenbildenden bekanntschaftlichen sozialen Beziehungen gemindert wird. Hierdurch kann die soziale Distanz als relativ stabil diagnostiziert werden, wodurch sich möglicherweise entwickelnde bekanntschaftliche oder sogar freundschaftliche soziale Beziehungen sich nicht als häufige Entwicklungsrichtung herausstellen (vgl. Abs. 6.2.1.1, 6.2.1). Die hohe (absolute) Anzahl freundschaftlicher sozialer Beziehungen und der relativ niedrige homogene Anteil an diesen deuten primär auf einen hohen Anteil an brückenbildenden sozialen Beziehungen hin (vgl. Abs. 6.2.1.2–3). Unter dem Eindruck eines kulturell divergierenden Freundschaftsbegriff, unter Berücksichtigung der multiplexen Ausprägung sowie des peripheren Standortes von deutschen Freunden im Beziehungsgeflecht müssen diese aus einem nicht mediterranen Freundschaftsverständnis heraus lediglich als bekanntschaftliche soziale Beziehungen charakterisiert werden (vgl. 6.2.2, 6.2.2.1–2).

Einen hervorzuhebenden Einfluss auf die außerfamiliäre strukturelle Dimension des Sozialkapitals in beiden ethnischen Gemeinschaften und damit eine möglicherweise brückenbildend-doppelintegrative Funktion üben dabei diese Faktoren aus: (1) familiär-kulturelle Merkmale (zum Beispiel Familienzentriertheit) in Kombination mit (2) ethnisch-kulturellen Präferenzen (zum Beispiel Frühverheiratung) und (3) individuelle homophile Merkmale (zum Beispiel Traditionalität oder Religiosität); sie üben einen deutlichen Einfluss auf die (4) Gelegenheitsstruktur (zum Beispiel Bildungsinstitutionen) aus. Dieses trifft sowohl auf bekanntschaftliche und freundschaftliche soziale Beziehungen als auch auf die Wahl eines ethnisch anderen (Ehe-)Partners zu (vgl. Abs. 6.1.1.5, 6.1.2.5, 6.2.2.3).

Einen quantitativ großen Raum nehmen in beiden ethnischen Gemeinschaften die familiär-verwandtschaftlichen Beziehungen ein, sodass die zeitlichen Ressourcen durch den hohen multiplex-heterogenen Anteil für außerfamiliär-verwandtschaftliche und damit für brückenbildende soziale Beziehungen generell vermindert zur Verfügung stehen (vgl. Abs. 6.1.1.2, 6.2.2.2). In Kombination mit ethnisch-kulturellen Präferenzen (zum Beispiel internationaler Heiratsmarkt) bei gleichzeitigem Auftreten von homophilen Merkmalen (zum Beispiel bildungsabhängiger Homogamie) wirken sich diese fördernd für bindende soziale Beziehungen aus, sodass die Gelegenheitsstruktur zum Aufbau und zur (weiteren) Unterhaltung von brückenbildenden freundschaftlichen sozialen Beziehungen beeinträchtigt wird (vgl. Abs. 6.1.1.3, 6.2.1.1, 6.2.1.3). Der generell große Einfluss von individuellen homophilen Merkmalen auf die (Ehe-)Partnerwahl wird in der türkischen Gemeinschaft zudem zum Beispiel durch die ethnisch-kulturelle Präferenz der Frühverheiratung (mit wahrscheinlich zeitnaher Reproduktion und damit einhergehender weiblicher Familienarbeit) verstärkt (vgl. Abs. 6.1.1.2–3). Hierdurch kommt es zu einer (un-)freiwilligen Exklusion aus den in diesem Lebensalter typischen Gelegenheitsstrukturen (zum Beispiel Bildungsinstitutionen) der Gesamtgesellschaft, welche sich zum einen mindernd auf die mit zunehmendem Lebensalter steigende Wahrscheinlichkeit eines interethnischen (Ehe-)Partners wie auch auf mögliche brückenbildende bekanntschaftliche und/oder freundschaftliche soziale Beziehungen auswirken können. Gesondert zu betonen ist, dass das Selektionskriterium der Traditionalität und Religiosität kein hervorgehobenes homophiles Merkmal bei der inter- oder intraethnischen (Ehe-)Partnerwahl darstellt, sondern gleichwertig mit anderen homophilen Merkmalen zu betrachten ist. Ebenso spielt eine per se andere Religion keine ausschlaggebende Rolle, sodass konfessionelle Homogamie durch den Grad an religiöser (oder auch traditioneller) Konformität überlagert wird (vgl. Abs. 6.1.1.4). Durch die frühere Familiengründung wird ein divergierender Lebensentwurf im Vergleich zu gleichaltrigen Deutschen gewählt, wodurch sich eine sukzessive Abnahme von bestehenden brückenbildenden freundschaftlichen sozialen Beziehungen zum Beispiel aus dem schulischen Bildungsweg ergibt (vgl. Abs. 6.1.1.2, 6.2.1.3).

Zudem wird die Anzahl von (ethnisch-homogenen) bindenden freundschaftlichen sozialen Beziehungen bei türkischen Frauen mit dem hohen Grad an Familienarbeit und dadurch fehlender Gelegenheitsstruktur für (ethnisch-heterogen) brückenbildende freundschaftliche soziale Beziehungen im Erwerbsleben und zuvor im berufsqualifizierenden Bildungsweg erhöht (vgl. Abs. 5.1.2–3, 6.2.1.2-3).

7.2 Ermöglichende und verhindernde kulturelle Sozialkapitalausprägung

Als besonders ermöglichende Ausprägung der kulturellen Dimension des Sozialkapitals für eine Doppelintegration hat sich die Sozialkapitalbildung bei den italienischen Nachkommen aus interethnischen (Ehe-)Partnerschaften herauskristallisiert (vgl. Abs. 6.2.1, 6.2.2.1-2). Bei diesen sinkt die soziale Distanz enorm, sodass drei Viertel der engen (beziehungsweise starken) freundschaftlichen sozialen Beziehungen als brückenbildend bezeichnet werden können, da eine weitaus heterogene Multiplexität in ihnen vorhanden ist, die soziales Vertrauen und möglicherweise Normen der Reziprozität impliziert (vgl. Abs. ebd.). Bei mediterran-freundschaftlichen (beziehungsweise eher bekanntschaftlichen) sozialen Beziehungen besteht aber ebenso die Option, die soziale Distanz zu überwinden (vgl. Abs. 7.1). Hierdurch eröffnet sich für ethnisch-heterogene, bekanntschaftliche und/oder freundschaftliche soziale Beziehungen eine brückenbildende Entwicklungsoption, welche mit einem höheren Maß an sozialem Vertrauen und damit möglicherweise auch Normen der Reziprozität einhergeht. In der sozialen Wirklichkeit kann jedoch nur von einer Beschränkung auf eine Unterstützungsleistung (in Form der Besprechung von Problemen oder Angelegenheiten) der außerfamiliären sozialen Beziehungen ausgegangen werden. Inwiefern es sich bei beiden ethnischen Gemeinschaften – aufgrund der hohen familiär-verwandtschaftlichen, multiplexen und damit verbunden expressiven Aktivität im Freizeitbereich – überhaupt um freundschaftliche (und nicht mediterran-freundschaftliche beziehungsweise bekanntschaftliche) soziale Beziehungen handelt, kann nicht zweifelsfrei belegt werden (vgl. Abs. 6.2.2.1, 7.1). Insgesamt sind die Normen der Reziprozität und das Vertrauen (aus individuell-kultureller Sicht) in den familiär-verwandtschaftlichen sozialen Beziehungen überproportional ausgeprägt, sodass die beiden Komponenten der kulturellen Dimension des Sozialkapitals in ethnisch-heterogenen bekanntschaftlichen und/oder freundschaftlichen sozialen Beziehungen geringer ausgeprägt bleiben (vgl. Abs. 6.1.1.5, 6.1.2.5, 6.2.2.3).

Einen hervorzuhebenden Einfluss üben dabei zum einen die Faktoren der (A) patriarchalisch-autoritären und (B) duofokalen Familienstruktur in Kombination mit (C) pädagogisch-psychologischen Sozialisationseffekten aus (vgl. Abs. 3.2.3, 6.1.2.1-2). Hierdurch wird zum anderen (D) familiär-verwandtschaftliches (personenspezifisches) Vertrauen internalisiert, welches (E) mechanische (mediterrane) beziehungsweise beschränkte Solidarität befördert, die sich aus der Kombination von (F) ökonomisch-utilitaristischen und (G) intergenerational-redundanten Erwartungen ergibt und zu (H) familiär-verwandtschaftlichen (personenspezifischen) Normen der Reziprozität führt (vgl. Abs. 3.2.3., 6.1.2.3–4, 6.2.2.2).

Die mit der Einwanderung importierte traditionell-familiäre Organisationsform führt durch die beibehaltene patriarchalisch-autoritäre Struktur zu hierarchischen innerfamiliär-verwandtschaftlichen sozialen Beziehungen, welche durch Sozialisation weitergegeben werden (vgl. Abs. 6.1.2.1). Diese prägenden pädagogisch-psychologischen Sozialisationseffekte können erstens durch die Differenzierung von Verwandtschafts- und Freundschaftsbeziehungen als (notwendige) Legitimationsgrundlage für starke soziale Beziehungen festgehalten werden. Zum zweiten führt die hohe familiär-verwandtschaftliche (multiplexe) Interaktionsdichte zu einer (konditionell) sozialisierten Familienzentriertheit, woraus nicht substituierbare intensive und lebenslange Verwandtschaftsbeziehungen resultieren (vgl. Abs. 6.1.2.2). Aus diesen entstehen nun drittens starke und bindende sowie hierarchische soziale Beziehungen, deren gemeinschaftlich legitimierte zentrifugale Wirkungsmacht sich aus dem internalisierten personenspezifischen Urvertrauen speist, welches nicht außerhalb der familiär-verwandtschaftlichen Sphäre transferiert werden kann (vgl. Abs. 6.1.2.3). Die legitimierte unausweichliche enge Verbundenheit befördert ein eingebettetes Solidaritätspotenzial, welches zur Sozialkapitalbildung (besonders) durch intergenerationale Vorleistungen führt (vgl. Abs. 6.1.2.4). Bei näherer Betrachtung der intrinsischen Motivation zu Vorleistungen offenbaren sich jedoch ökonomisch-utilitaristische Prämissen, die zu einer intergenerationalen und sogar (wenn möglich) redundanten Erwartungshaltung, nicht nur in Notlagen, führen (vgl. ebd.). Die als verwandtschaftsspezifisch beschriebenen Normen der Reziprozität divergieren dabei jedoch in zweierlei Hinsicht zwischen den beiden analysierten ethnischen Gemeinschaften.

In der türkischen Gemeinschaft ist die monetär-redundante Norm der Reziprozität deutlicher ausgeprägt, wodurch eine implizite Verpflichtung zur (besonders intergenerationalen gerade-verwandtschaftlichen) Gegenleistung besteht. Dabei offenbaren sich nutzenredundante Investitionsmotive in die Sozialkapitalbildung, die bei monetären Hilfsleistungen männlich und bei nichtmonetären Hilfsleistungen weiblich konnotiert sind (vgl. ebd.). In der italienischen Gemeinschaft sind die Normen der Reziprozität zum großen Teil als nichtmonetär, aber in ähnlichem Ausmaß als intergenerational und redundant zu bezeichnen. Monetäre Hilfsleistungen sind zum größten Teil auf Notlagen beschränkt, wohingegen helfende Dienstleistungen (besonders intergenerational) in der Erwartung einer Diskontierung in der Zukunft geleistet werden (vgl. ebd.). Der zweite divergierende Aspekt bei den verwandtschaftsspezifischen Normen der Reziprozität bezieht sich auf die Redundanz sowie auf die Reziprozität selbst. Als ungewöhnlich sind die hohen Exklusionskosten bei nicht konformem Verhalten zu bezeichnen, die mit drakonischen sozialen (aber auch ökonomischen) Kosten sanktioniert werden. Somit kann ein unkonformes Verhalten lediglich bei individuellem sozialen und ökonomischen Ressourcenreichtum als Alternative in Betracht gezogen werden (vgl. ebd.).

7.3 Wirkungen des in ethnischen Gemeinschaften gebildeten Sozialkapitals

Wie in den beiden vorherigen Abschnitten bereits dargelegt, kann der Einfluss von verschiedenen Faktoren in der strukturellen wie auch kulturellen Dimension des Sozialkapitals zu einer eine Doppelintegration ermöglichenden oder verhindernden Wirkung führen (vgl. Abs. 7.1–2). In diesem Abschnitt rückt die (Außen-)Wirkung des in den ethnischen Gemeinschaften gebildeten Sozialkapitals für die Gesamtgesellschaft in den Vordergrund. Die im theoretischen Teil dargelegte dichotome Differenzierung zwischen zivilem und unzivilem Sozialkapital der kulturellen Dimension soll zum einen positive interne und negative externe (gesamtgesellschaftliche) Effekte (Externalitäten) sowie zum anderen positive (oder möglicherweise auch negative) interne und positive externe gesamtgesellschaftliche Effekte (Externalitäten) durch Doppelintegration genauer erfassen (vgl. Abs. 3.4.1–2).

Trotz einer sich modernisierenden Gattenfamilie ist die innerfamiliär-verwandtschaftliche Fähigkeit und Gewohnheit der sozialisierten Kooperation, welche durch soziale Kontrolle zu Verbindlichkeit führt, stark ausgeprägt. Durch den präsenten familiär-verwandtschaftlichen Homogenisierungsdruck (vorhandene soziale und ökonomische Exklusionskosten) werden jedoch zum großen Teil nur mediterrane Solidarität und somit primär positive interne sozialkapitale Externalitäten befördert, welche zu einem geringeren universal-altruistischen Verhalten führen, wodurch die Wirkung auf die Gesamtgesellschaft als eher negativ beschrieben werden muss (vgl. Abs. 3.2.3., 6.1.2.3–4, 6.2.2.2). Das entstandene personenspezifische (Ur-)Vertrauen ermöglicht lediglich die Entstehung von verwandtschaftsspezifischen Normen der Reziprozität, welche auf Grund der (quasi-)verwandtschaftlichen Legitimationsgrundlage auf intern positive, aber extern negative Externalitäten beschränkt bleiben (müssen). Die auch als Partikularisierung zu bezeichnende wechselseitige Verpflichtung führt zur Abschottung, die jedoch nicht als Konflikt orientiert analysiert werden konnte (vgl. Abs. 3.4.1–2, 6.1.2.3–4, 6.2.2.2).

Somit ist die Außenwirkung des in ethnischen Gemeinschaften gebildeten Sozialkapitals in dem Sinn als negativ zu bezeichnen, dass es zum großen Teil (besonders bei Migranten mit vollem Migrationshintergrund) zu keiner positiven (externen) Sozialkapitalbildung in die Gesamtgesellschaft hineinkommt. In dem als Urform für die Sozialkapitalbildung von Putnam bezeichneten kern- und großfamiliären Bereich (in den ethnischen Gemeinschaften) werden den Mitgliedern keine Assoziationen, „[…] an denen sie demokratische Tugenden erlernen und praktizieren können", vermittelt (Klein et al. 2004: 45, vgl. Abs. 6.1). Ausgehend von „[…] der Sozialisations- und der Transferhypothese", erlernen besonders Migranten mit vollem Migrationshintergrund im familiär-verwandtschaftlichen Bereich „[…] positive und prosoziale Einstellungen […]" nicht, wodurch „[…] vor allem die Bereitschaft zu gegenseitiger Hilfe und Solidarität […]" gegenüber Mitgliedern der Gesamtgesellschaft geringfügiger ausfällt (Klein et al. 2004: 45). Die Folgen davon sind „[…] auch und gerade jenseits der Zivilgesellschaft – vermutlich sogar in größerem Umfang und nachhaltiger in den Wirkungen […]" – für die Gesamtgesellschaft nachhaltig (ebd.). So kann bei Migranten mit vollem türkischen Migrationsintergrund lediglich eine verzögerte, bisweilen geringfügige Öffnung (in Form der Besprechung von Problemen oder Angelegenheiten) festgestellt werden. Damit konnten lediglich eine bereichsspezifische und damit partikulare Zunahme an sozialem Vertrauen und dadurch ebenso eher partikulare generalisierte Normen der Reziprozität bei der Analyse festgestellt werden (vgl. Abs. 3.4.1–2, 6.1.2.3–4, 6.2.2.1–2, 7.1).

Bei Migranten (insbesondere bei italienischen) mit halbem Migrationshintergrund konnte dagegen eine beschleunigte emanzipatorische Tendenz gegenüber den durch die Sozialisation oktroyierten Einstellungs- und Verhaltensmustern bezüglich des personenspezifischen Vertrauens und der verwandtschaftsspezifischen Normen der Reziprozität festgestellt werden. Dadurch kommt es zu einem positiveren doppelintegrativen Verhaltensmuster, mit dem eine gesunkene soziale Distanz und damit der Aufbau von brückenbildenden sozialen Beziehungen eingeleitet werden. Hiermit eröffnet sich ein doppelintegrativer Weg für die Nachkommen aus interethnischen (Ehe-)Partnerschaften, wodurch positive interne verwandtschaftliche soziale Beziehungen vermutet werden können (vgl. Abs. 6.1.1.5, 6.1.2.5). Zudem ist mit positiven gemeinschaftlichen Effekten auszugehen, die durch die erhöhte Interaktion und das damit zunehmende soziale Vertrauen hervorgerufen werden. Dadurch können sich möglicherweise Normen der Reziprozität auch gegenüber Nichtverwandten oder Mitgliedern der eigenen ethnischen Gemeinschaft entwickeln (vgl. ebd.).

Die Sozialkapitalbildung in den ethnischen Gemeinschaften geht im (späteren) Zeitverlauf mit den von Seubert (2009) beschriebenen Folgen der „[…] Unterdrückung von Konflikten, Meinungskonformität [sowie] moralischem Zwang" einher (79). Zuerst allerdings bietet die primär familiär-verwandtschaftlich zentrierte Sozialkapitalbildung die beschriebenen (internen positiven) binnenintegrierenden Funktionen und Leistungen an, womit auch vorläufig externe positive (gesamtgesellschaftliche) Effekte erzielt werden (vgl. Abs. 5.2, 6.2.2.1). Jedoch muss der von Elwert prognostizierte Verlauf des Integrationsprozesses zur Doppelintegration hin, wie von Esser bemerkt, auch für die Sozialkapitalbildung negiert werden. Die Tendenz zur Doppelintegration, nach einer gelungenen (familiär-verwandtschaftlichen) Binnenintegration, findet bei italienischen Migranten mit vollem Migrationshintergrund nur langsam und bei türkischen Migranten mit vollem Migrationshintergrund nur verlangsamt statt. Bei türkischen Frauen findet zudem zum großen Teil im Zeitverlauf eine sekundäre, ethnisch-homogene Sozialkapitalbildung statt (ebd.). Aus der Tendenz entwickeln sich nun im Zeitverlauf sowohl (eher individuelle) interne negative Effekte und additional dazu negative externe (gesellschaftliche) Effekte, da es zur (un-)freiwilligen Abschottung gegenüber der Gesamtgesellschaft kommt. Anders als bei der von Esser beschriebenen

Binnenintegrationsthese sind die Gründe der Sozialkapitalbildung jedoch nicht primär in einer attraktiveren Alternative zur Gesamtgesellschaft zu finden, sondern vielmehr von multiplen Faktoren (1–4 und A–H) der strukturellen und kulturellen Dimension des Sozialkapitals abhängig (vgl. Abs. 7.1–2). Zudem beeinträchtigen die multiplen Faktoren die Doppelintegration der Folgegeneration(en) ebenso nachhaltig. Insgesamt muss als negativer externer Effekt des in ethnischen Gemeinschaften gebildeten Sozialkapitals für die Gesamtgesellschaft von einer großen Personengruppe mit vollem Migrationshintergrund der beiden ethnischen Gemeinschaften ausgegangen werden, der Gemeinschaften, „[…] die mehr oder weniger in diese Gesellschaft hinein integriert sind" (Esser 2001b: 4, vgl. Abs. 7.1–2).

8. Schlussbemerkungen

Wie in Abschnitt 3.2.3 beschrieben wurde, kann keine empirisch gesicherte und eindeutige kausale Konstellation oder Entwicklungsrichtung der drei Sozialkapitaldimensionen wissenschaftlich bestätigt werden. In der Analyse konnten vier Faktoren (1-4) in der strukturellen Dimension und acht Faktoren (A-H) in der kulturellen Dimension des Sozialkapitals in den beiden ethnischen Gemeinden herausgearbeitet werden, die einen Einfluss auf die Sozialkapitalbildung und damit auf die integrative Ausrichtung und gesamtgesellschaftliche Wirkung ausüben (vgl. Abs. 7.1-2). Dabei kann wie bei den drei Sozialkapitaldimensionen keine insgesamt (kausale) Entwicklungsrichtung sowie Gewichtung des Einflusses der einzelnen Faktoren festgestellt werden. Zudem kann auch von keinem Anfangs- oder Ausgangspunkt bei den Faktoren oder zwischen den beiden Sozialkapitaldimensionen ausgegangen werden. Auch ist von einer sich gegenseitig bedingenden und möglicherweise auch verstärkenden Wirkung einzelner Faktoren auszugehen. Beispielhaft kann dafür in der strukturellen Dimension des Sozialkapitals der dritte Faktor der individuellen homophilen Merkmale und der vierte Faktor der Gelegenheitsstruktur angeführt werden. So kann angenommen werden, dass sich die homophile Ausprägung der Bildung auf meine Gelegenheitsstrukturen auswirken, umgekehrt könnte aber auch die Gelegenheitsstruktur auf die Bildung beziehungsweise Bildungsaspirationen Einfluss nehmen. Diese sich gegenseitig bedingende und möglicherweise verstärkende Wirkung ist aber ebenso interdimensional (zwischen der kulturellen und strukturellen Sozialkapitaldimension) zu erwarten.

In der vergleichenden Analyse der beiden ethnischen Gemeinschaften konnte festgestellt werden, dass die beiden ethnischen Gemeinschaften in den drei einführenden Integrationsindikatoren nicht diametral auseinander liegen, sondern vielmehr ähnliche bis gleiche Ausprägungen vorweisen (vgl. Abs. 5.1-5.1.3). Zudem konnte ein vergleichbarer Familialismus vielmehr zwischen den beiden ethnischen Gemeinschaften festgestellt werden als im Vergleich zu der Gesamtgesellschaft. Dieser kann zu einer verwandtschaftlichen und weniger ethnisch bezogenen Binnenintegration führen (vgl. Abs. 5.2, 6.1.1.5, 6.1.2.5, 6.2.1.4, 7-7.3). In den Sozialkapitaldimensionen könnte die Nicht-Existenz von ethnisch-kulturellen Präferenzen in der italienischen Gemeinschaft als ein eminenter und damit erklärender Faktor für die Ausprägung an sozialen Beziehungen   nahegelegt werden (vgl. Abs. 6.1.1.3-4). Den ethnisch-kulturellen Präferenzen kann jedoch keine Schlüsselfunktion, im Gegensatz zu dem Integrationsindikator der Sprachkompetenz, zugeschrieben werden (vgl. BAMF 2008, 2010, BiB 2004, BIBE 2009, BMFSFJ 2000, BMI 2001). Während mangelnde Sprachkompetenz eine Doppelintegration erschwert oder gar verhindert, kann bei fehlenden ethnisch-kulturellen Präferenz hingegen nicht automatisch von einer eher doppelintegrativen Tendenz ausgegangen werden (vgl. Abs. 6.1.1.5, 6.1.2.5, 6.2.1.4, 7-7.3). Ebenso kann der Existenz einer mediterranen Solidarität nicht per se ein verhindernder Einfluss auf die Ausprägung an brückenbildenden sozialen Beziehungen sowie den generalisierten Normen der Reziprozität und dem sozialem Vertrauen zugesprochen werden (vgl. Abs. 6.1.2.3-5). Jedoch in Kombination mit patriarchalisch-autoritären und/oder duofokalen Familienstrukturen konnte ein Einfluss auf die spezifische Ausrichtung der Normen der Reziprozität und dem Vertrauen festgestellt werden (vgl. ebd.).

Insgesamt sind in dieser Masterarbeit die Einflüsse auf die Sozialkapitalbildung in ethnischen Gemeinschaften und damit die Wirkung auf die Gesamtgesellschaft durch mehrere Faktoren analysiert worden. Es ist jedoch nicht auszuschließen, dass weitere in dieser Analyse nicht behandelte Faktoren ebenso eine Rolle spielen. Der weitere wissenschaftliche Fokus sollte auf die kulturellen Bedingungen zur Entstehung und Bildung des Sozialkapitals in den ethnischen Gemeinschaften gelegt werden, um darauf aufbauend die Chancen oder Hindernisse für eine Sozial- beziehungsweise Doppelintegration der Mitglieder der ethnischen Gemeinschaften eingehender analysieren zu können. Dafür wäre eine qualitative Analyse der akquirierten

Einflussfaktoren erforderlich. Eine wissenschaftlich zum Teil unterschätzte beschleunigende, soziale Integrationsleistung wird von Nachkommen aus interethnischen (Ehe-)Partnerschaften erbracht. Besonders überraschend waren in diesem Kontext die ähnlich erfolgreichen sozial integrierenden Einflüsse auf Nachkommen aus beiden ethnischen Gemeinschaften. Unter dem Aspekt, dass der Anteil an Ehen zwischen türkischen Männern und deutschen Frauen um einiges höher liegt als umgekehrt, kann die Annahme geäußert werden, dass deutsche Frauen eine besondere Rolle dabei einnehmen (vgl. Abs. 6.1.1.1-2). Ob die Gründe darin liegen, dass deutsche Frauen das Vermögen besitzen, die (A) patriarchalisch-autoritären und (B) duofokalen Familienstruktur aufzubrechen, sei an dieser Stelle nur exemplarisch als Gedankenbeispiel angeführt. Naheliegend scheint jedoch, dass die Nachkommen aus interethnischen (Ehe-)Partnerschaften eine hervorgehobene Rolle in der sozialen Integration der bislang integrationsresistenten Migranten einer ethnischen Gemeinschaft spielen könnten. Es kann angenommen werden, dass ihre Gatekeeper Funktion eine wichtige Schlüsselrolle in der sozialen Integration einer ganzen Gemeinschaft darstellen kann und deswegen eingehender wissenschaftlich untersucht werden muss.

9. Anhang

9.1 Hybrides theoretisches Sozialkapitalschemas

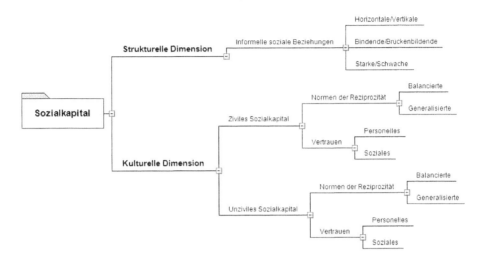

9.2 Analysefelder von sozialen Beziehungen

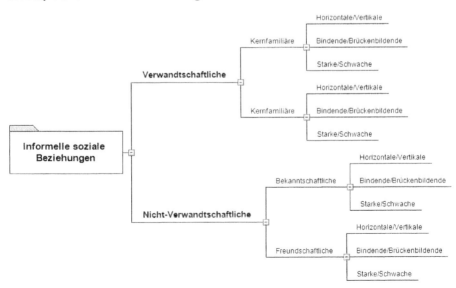

10. Literaturverzeichnis

Monografien

Coleman, James Samuel 1990: Foundation of Social Theory. 1. Auflage. Cambridge: Belknap Press.

Coleman, James Samuel 1995a: Grundlagen der Sozialtheorie. Band 1. Handlungen und Handlungssysteme. München/ Wien: Oldenbourg Verlag.

Coleman, James Samuel 1995b: Grundlagen der Sozialtheorie. Band 3. Die Mathematik der sozialen Handlung. München/ Wien: Oldenbourg Verlag.

Diehl, Claudia 2002: Die Partizipation von Migranten in Deutschland. Rückzug oder Mobilisierung? Opladen: Leske & Budrich.

Esser, Hartmut 2000a: Soziologie. Spezielle Grundlagen. Band 2:Die Konstruktion der Gesellschaft. 1. Auflage. Gebundene Ausgabe. Frankfurt am Main/New York: Campus Verlag.

Esser, Hartmut 2000b: Soziologie. Spezielle Grundlagen. Band 3: Soziales Handeln. 1. Auflage. Gebundene Ausgabe. Frankfurt am Main/New York: Campus Verlag.

Esser, Hartmut 2000c: Soziologie. Spezielle Grundlagen. Band 4: Opportunitäten und Restriktionen. 1. Auflage. Gebundene Ausgabe. Frankfurt am Main/New York: Campus Verlag.

Esser, Hartmut 2000d: Soziologie. Spezielle Grundlagen. Band 5: Institutionen. 1. Auflage. Gebundene Ausgabe. Frankfurt am Main/New York: Campus Verlag.

Esser, Hartmut 2001a: Soziologie. Spezielle Grundlagen. Band 6: Sinn und Kultur. 1. Auflage. Gebundene Ausgabe. Frankfurt am Main/New York: Campus Verlag.

Fukuyama, Francis 1997: Der Konflikt der Kulturen. Wer gewinnt den Kampf um die wirtschaftliche Zukunft. München: Droemersche Verlagsanstalt Th. Knaur.

Gestring, Norbert, Andrea Janßen und *Ayca Polat* 2006: Prozesse der Integration und Ausgrenzung. Türkische Migranten der zweiten Generation. Wiesbaden: VS, Verl. für Sozialwissenschaften.

Haug, Sonja 2000a: Soziales Kapital und Kettenmigration. Italienische Migranten in Deutschland. Opladen: Leske & Budrich.

Heitmeyer, Wilhelm 1997a: Was treibt die Gesellschaft auseinander? Bundesrepublik Deutschland: Auf dem Weg von der Konsens- zur Konfliktgesellschaft. Band 1. Frankfurt am Main: Suhrkamp Verlag.

Heitmeyer, Wilhelm 1997b: Was hält die Gesellschaft zusammen? Bundesrepublik Deutschland: Auf dem Weg von der Konsens- zur Konfliktgesellschaft. Band 2. Frankfurt am Main: Suhrkamp Verlag.

Heitmeyer, Wilhelm und *Peter Imbusch* (Hrsg.) 2005: Integrationspotenzial von modernen Gesellschaften. 1. Auflage. Wiesbaden: VS Verlag für Sozialwissenschaften und GMV Fachverlag GmbH.

Klein, Ansgar, Kristine Kern, Brigitte Geißel und *Maria Berger* (Hrsg.) 2004: Zivilgesellschaft und Sozialkapital. Herausforderung politischer und sozialer Integration. Bürgergesellschaft und Demokratie Band 14. 1. Auflage. Wiesbaden: VS Verlag für Sozialwissenschaften und GMV Fachverlag GmbH.

Marx, Johannes 2005: Sozialkapital und seine handlungstheoretischen Grundlagen. Eine wissenschaftstheoretische Untersuchung. Diplomica Band 23. Marburg: Tectum Verlag.

Putnam, Robert 1993a: Making Democracy Work. Civic Traditions in Modern Italy. Princeton/New Jersey: Princeton University Press.

Putnam, Robert 2000: Bowling Alone. The Collapse and Revival of American Community. New York: Simon & Schuster.

Röbbel, Nathalie 2006: Familie in Italien an der Schwelle zum 21. Jahrhundert. Familie zwischen sozialem Konstrukt, kulturellem Muster und kontingenter Wirklichkeit. Band 2. Hamburg: Lit Verlag.

Seubert, Sandra 2009: Das Konzept des Sozialkapitals. Eine demokratietheoretische Analyse. 1. Auflage. Frankfurt: Campus Verlag.

Steinbach, Anja 2004: Soziale Distanz. Ethnische Grenzzeihung und die Eingliederung von Zuwanderern in Deutschalnd. 1. Auflage. Wiesbaden: VS Verlag für Sozialwissenschaften und GMV Fachverlag GmbH.

Zmerli, Sonja 2008: Inklusives und exklusives Sozialkapital in Deutschland. Grundlagen, Erscheinungsformen und Erklärungspotenzial eines alternativen theoretischen Konzepts. 1. Auflage. Baden-Baden: Nomos Verlagsgesellschaft.

Artikel in Herausgeberbänden

Ahn, Toh-Kyeong. und *Elinor Ostrom* 2008: Social Capital and Collective Action. In: *Castiglione, Dario, Jan W. van Deth* und *Guglielmo Wolleb* (Hrsg.): The Handbook of Social Capital. Oxford: Oxford University Press: 70-99.

Bourdieu, Pierre 1983: Ökonomisches Kapital, kulturelles Kapital, soziales Kapital. In: R. Kreckel (Hrsg.): Soziale Ungleichheiten. Soziale Welt. Göttingen: Verlag Otto Schwartz & Co.: 183-98.

Castiglione, Dario 2008: Introduction: Social Capital between Community and Society. In: *Castiglione, Dario, Jan W. van Deth* und *Guglielmo Wolleb* (Hrsg.): The Handbook of Social Capital. Oxford: Oxford University Press: 555-67.

Diehl, Claudia 2005:Fördert die Partizipation in ethnischen Vereinen die politische Integration im Aufnahmeland? Theoretische Perspektive und empirische Evidenzen. In: *Haug, Sonja* und *Claudia Diehl*: Aspekte der Integration. Eingliederungsmuster und Lebenssituation italienisch- und türkischstämmiger junger Erwachsener in Deutschland. Wiesbaden: Verlag für Sozialwissenschaften: 291-309.

Diekmann, Andreas 2007: Dimensionen des Sozialkapitals. In: *Franzen, Axel* und *Markus Freitag* (Hrsg.): Sozialkapital. Grundlagen und Anwendung. Kölner Zeitschrift für Soziologie und Sozialpsychologie. Sonderheft 47. Wiesbaden: VS Verlag für Sozialwissenschaften und GMV Fachverlag GmbH: 47-65.

Esser, Hartmut 2008: The Two Meanings of Social Capital. In: *Castiglione, Dario, Jan W. van Deth* und *Guglielmo Wolleb* (Hrsg.): The Handbook od Social Capital. Oxford: Oxford University Press: 22-49.

Franzen, Axel und *Markus Freitag* 2007: Aktuelle Themen und Diskussionen der Sozialkapitalforschung. In: *Franzen, Axel* und *Markus Freitag* (Hrsg.): Sozialkapital. Grundlagen und Anwendung. Kölner Zeitschrift für Soziologie und Sozialpsychologie. Sonderheft 47. Wiesbaden: VS Verlag für Sozialwissenschaften und GMV Fachverlag GmbH: 7-22.

Franzen, Axel und *Sonja Pointner* 2007: Sozialkapital. Konzeptualisierung und Messung. In: *Franzen, Axel* und *Markus Freitag* (Hrsg.): Sozialkapital. Grundlagen und Anwendung. Kölner Zeitschrift für Soziologie und Sozialpsychologie. Sonderheft 47. Wiesbaden: VS Verlag für Sozialwissenschaften und GMV Fachverlag GmbH: 66-90.

Friedrichs, Jürgen und *Wolfgang Jagodzinski* 1999: Theorien sozialer Integration. In: *Friedrichs, Jürgen* und *Wolfgang Jagodzinski* (Hrsg.): Soziale Integration. Kölner Zeitschrift für Soziologie und Sozialpsychologie. Sonderheft 39. Opladen: Westdeutscher Verlag: 9-43.

Haug, Sonja 2003a: Die soziale Integration junger italienischer und türkischer Migranten in Deutschland. In: *Swiaczny, Frank* und *Haug, Sonja* (Hrsg.): Migration – Integration – Minderheiten. Wiesbaden: Bundesinstitut für Bevölkerungsforschung: Material zur Bevölkerungswissenschaft Band 107: 97-128.

Haug, Sonja 2005a: Zur Erklärung ethnischer Unterschiede in der Partnerwahl und im generativem Verhalten. In: *Haug, Sonja* und *Claudia Diehl*: Aspekte der Integration. Eingliederungsmuster und Lebenssituation italienisch- und türkischstämmiger junger Erwachsener in Deutschland. Wiesbaden: Verlag für Sozialwissenschaften: 195-226.

Haug, Sonja 2005b:Soziale Integration durch soziale Einbettung in Familie, Verwandtschafts- und Freundschaftsnetzwerke. In: *Haug, Sonja* und *Claudia Diehl*: Aspekte der Integration. Eingliederungsmuster und Lebenssituation italienisch- und türkischstämmiger junger Erwachsener in Deutschland. Wiesbaden: Verlag für Sozialwissenschaften: 227-50.

Haug, Sonja 2005c:Interethnische Kontakte, Homogenität und Multikulturalität der Freundschaftsnetzwerke. In: *Haug, Sonja* und *Claudia Diehl*: Aspekte der Integration. Eingliederungsmuster und Lebenssituation italienisch- und türkischstämmiger junger Erwachsener in Deutschland. Wiesbaden: Verlag für Sozialwissenschaften: 251-76.

Haug, Sonja 2006a: Soziales Kapital als Ressource im Kontext vom Migration und Integration. In: *Diewald, Martin* und *Jörg Lüdicke* (Hrsg.): Soziale Netzwerke und soziale Ungleichheit. Zur Rolle von Sozialkapital in modernen Gesellschaften, Wiesbaden: Verlag für Sozialwissenschaften: 85-111.

Haug, Sonja und *Sonja Pointner* 2007: Soziale Netzwerke, Migration und Integration. In: *Franzen, Axel* und *Markus Freitag* (Hrsg.): Sozialkapital. Grundlagen und Anwendung. Kölner Zeitschrift für Soziologie und Sozialpsychologie. Sonderheft 47. Wiesbaden: VS Verlag für Sozialwissenschaften und GMV Fachverlag GmbH: 367-96.

Hunger, Uwe 2003: "Bürger"-Gesellschaft? Von denen, die nicht die gleichen Rechte und Möglichkeiten der Beteiligung haben. In: *Kreibich, Rolf* und *Christian Trapp* (Hrsg.): Bürgergesellschaft. Floskel oder Programm. Baden-Baden: Nomos Zukunftsstudien. Band. 28: 68-81.

Jos de Haan, Wifred Uunk 2001: Kulturelle Ähnlichkeiten zwischen Ehepaaren. Der Einfluss von Partnerwahl, Restriktion und gegenseitiger Beeinflussung. In: *Klein, Thomas* (Hrsg.): Partnerwahl und Heiratsmuster. Sozialstrukturelle Voraussetzungen der Liebe. Opladen: Leske + Budrich: 77-98.

Kagitcibasi, Cigdem und *Diane Sunar* 1997: Familie und Sozialisation in der Türkei. In: *Nauck, Bernhard* und *Ute Schönpflug* (Hrsg.): Familien in verschiedenen Kulturen. Stuttgart: Enke: 145-61.

Klein, Thomas und *Andrea Lengerer* 2001: Gelegenheit macht Liebe. Die Wege des Kennenlernens und ihr Einfluss auf die Muster der Partnerwahl. In: *Klein, Thomas* (Hrsg.): Partnerwahl und Heiratsmuster. Sozialstrukturelle Voraussetzungen der Liebe. Opladen: Leske + Budrich: 265-86.

Kriesi, Hanspeter 2007: Sozialkapital. Eine Einführung. In: *Franzen, Axel* und *Markus Freitag* (Hrsg.): Sozialkapital. Grundlagen und Anwendung. Kölner Zeitschrift für Soziologie und Sozialpsychologie. Sonderheft 47. Wiesbaden: VS Verlag für Sozialwissenschaften und GMV Fachverlag GmbH: 23-46.

Lin, Nan 2008: A Network Theory of Social Capital. In: *Castiglione, Dario, Jan W. van Deth* und *Guglielmo Wolleb* (Hrsg.): The Handbook of Social Capital. Oxford: Oxford University Press: 50-69.

Lockwood, David 1969: Soziale Integration und Systemintegration. In: *Wolfgang Zapf* (Hrsg.) 1970: Theorien des sozialen Wandels. Neue wissenschaftliche Bibliothek 31: Soziologie. 2. Auflage. Köln: Kiepenheuer & Witsch: 124–37.

Nauck, Bernhard 1997: Sozialer Wandel, Migration und Familienbildung bei türkischen Frauen. In: *Nauck, Bernhard* und *Ute Schönpflug* (Hrsg.): Familien in verschiedenen Kulturen. Stuttgart: Enke: 162-199.

Nauck, Bernhard 2001: Generationsbeziehungen und Heiratsregimes, Theoretische Überlegungen zur Struktur von Heiratsmärkten und Partnerwahlprozessen am Beispiel der Türkei und Deutschland. In: *Klein, Thomas* (Hrsg.): Partnerwahl und Heiratsmuster. Sozialstrukturelle Voraussetzungen der Liebe. Opladen: Leske + Budrich: 35-56.

Nauck, Bernhard und *Anette, Kohlmann* 1998: Verwandtschaft als soziales Kapital. Netzwerkbeziehungen in türkischen Migrantenfamilien. In: *Wagner, Michael* und *Yvonne Schütze* (Hrsg.): Verwandtschaft. Sozialwissenschaftliche Beiträge zu einem vernachlässigten Thema. Stuttgart. Enke: 203-35.

Offe, Claus 1999: Sozialkapital. Begriffliche Probleme und Wirkungsweise. In: *Kistler, Ernst,*
Heinz-Herbert Noll und *Eckhard Priller* (Hrsg.): Perspektiven gesellschaftlichen Zusammenhalts. Berlin: Edition Sigma: 113-20.

Offe, Claus und *Susanne Fuchs* 2001: Schwund des Sozialkapitals? Der Fall Deutschland. In: *Putnam, Robert D.* (Hrsg.): Gesellschaft und Gemeinsinn: Sozialkapital im internationalen Vergleich. Gütersloh: Verlag Bertelsmann Stiftung: 417-511.

Putnam, Robert 1999: Demokratie in Amerika am Ende des 20. Jahrhunderts. In: *Graf, Friedrich Wilhelm, Andreas Platthaus* und *Stephan Schleissinger* (Hrsg.): Soziales Kapital in der Bürgergesellschaft. Stuttgart: Verlag W. Kohlhammer: 21-70.

Putnam, Robert und *Kristin A. Gross* 2001: Einleitung. In: *Putnam, Robert D.* (Hrsg.): Gesellschaft und Gemeinsinn: Sozialkapital im internationalen Vergleich. Gütersloh: Verlag Bertelsmann Stiftung: 15-43.

Putnam, Robert D. 2002: Soziales Kapital in der Bundesrepublik Deutschland und in den USA. In: Enquete-Kommission "Zukunft des Bürgerschaftlichen Engagements" Deutscher Bundestag (Hrsg.): Bürgerschaftliches Engagement und Zivilgesellschaft. Band 1. Opladen: Leske + Budrich: 257-71.

Rabold, Susann und *Claudia Diehl* 2005:Migration und familiale Konflikte. In: *Haug, Sonja* und *Claudia Diehl*: Aspekte der Integration. Eingliederungsmuster und Lebenssituation italienisch- und türkischstämmiger junger Erwachsener in Deutschland. Wiesbaden: Verlag für Sozialwissenschaften: 277-90.

Thränhardt, Dietrich 2000: Einwandererkulturen und soziales Kapital. Eine komparative Analyse. In: *Thränhardt, Dietrich* und *Uwe Hunger* (Hrsg.): Einwanderer-Netzwerke und ihre Integrationsqualität in Deutschland und Israel. Münster: Lit Verlag: 15-45.

Uslaner, Eric M. 2008: Trust as a Moral Value. In: *Castiglione, Dario, Jan W. van Deth* und *Guglielmo Wolleb* (Hrsg.): The Handbook of Social Capital. Oxford: Oxford University Press: 101-21.

Van Deth, Jan W. 2008: Measuring Social Capital. In: *Castiglione, Dario, Jan W. van Deth* und *Guglielmo Wolleb* (Hrsg.): The Handbook of Social Capital. Oxford: Oxford University Press: 150-76.

Vetter, Stephanie 2001: Partnerwahl und Nationalität. Heiratsbeziehungen zwischen Ausländern in der Bundesrepublik Deutschland. In: *Klein, Thomas* (Hrsg.): Partnerwahl und Heiratsmuster. Sozialstrukturelle Voraussetzungen der Liebe. Opladen: Leske + Budrich: 207-232.

Warren, Mark E. 2008: The Nature and Logic of Bad Social Capital. In: *Castiglione, Dario, Jan W. van Deth* und *Guglielmo Wolleb* (Hrsg.): The Handbook of Social Capital. Oxford: Oxford University Press: 122-49.

Wiley, Norbert F. 1970: The Ethnic Mobility Trap and Stratification Theory. In: *Rose, Peter I.* (Hrsg.): The Study of Society. An Integrated Anthology. 2. Auflage. New York/Toronto: Harper & Brothers: 397-408.

Artikel aus Zeitschriften

Alba, Richard und *Victor Nee* 2004: Assimilation und Einwanderung in den USA. In: Instituts für Migrationsforschung und Interkulturelle Studien (IMIS) Beiträge der Universität Osnabrück. Themenheft: Migration - Integration – Bildung Heft 23: 21-39. Unter: http://www.imis.uni-osnabrueck.de/PUBLIKAT/imiszeitschrift.html (30.04.2010).

Coleman, James 1988: Social Capital in the Creation of Human Capital. In: American Journal of Sociology Vol. 94 Supplement: 95-120.

Diekmann, Andreas 1993: Sozialkapital und das Kooperationsproblem in sozialen Dilemmata. In: Analyse & Kritik 15: 22-35.

Elwert, George 1982: Probleme der Ausländerintegration. Gesellschaftliche Integration durch Binnenintegration? In: Kölner Zeitschrift für Soziologie und Sozialsoziologie Jg. 34 Nr. 4: 717-31.

Fukuyama, Francis 2002: Social Capital and Development. The Coming Agenda. In: The SAIS Review of International Affairs Vol. XXII No. 1: 23-37.

Haug, Sonja 2002: Familie, soziales Kapital und soziale Integration. Zur Erklärung ethnischer Unterschiede in Partnerwahl und generativem Verhalten bei jungen Erwachsenen deutscher, italienischer und türkischer Abstammung. In: Zeitschrift für Bevölkerungswissenschaften Jg. 27 Nr. 4: 393-425.

Haug Sonja 2003b: Interethnische Freundschaftsbeziehungen und soziale Integration. In: Kölner Zeitschrift für Soziologie und Sozialsoziologie Jg. 55 Nr. 4: 716-36.

Haug, Sonja 2006b: Interethnische Freundschaften, interethnische Partnerschaften und sozial Integration. In: Diskurs Kindheits- und Jugendforschung Heft 1: 75-91.

Levi, Margaret 1996: Social and Unsocial Capital. A Review Essay of Robert Putnam´s making Democracy Work. In: Politics and Society Vol. 24, March: 45-55.

Nauck, Bernhard 1985: "Heimliches Matriarchat" in Familien türkischer Arbeitsmigranten? Empirische Ergebnisse zu Veränderungen der Entscheidungsmacht und Aufgabenallokation. In: Zeitschrift für Soziologie 14: 450-65.

Nauck, Bernhard 2004: Familienbeziehungen und Sozialintegration von Migranten. In: Instituts für Migrationsforschung und Interkulturelle Studien (IMIS) Beiträge der Universität Osnabrück. Themenheft: Migration - Integration – Bildung Heft 23: 83-104. Unter: http://www.imis.uni-osnabrueck.de/PUBLIKAT/imiszeitschrift.html (10.07.2010).

Nauck, Bernhard, Annette Kohlmann und *Heike Diefenbach* 1997: Familiäre Netzwerke, intergenerative Transmission und Assimilationsprozesse bei türkischen Migrantenfamilien. In: Kölner Zeitschrift für Soziologie und Sozialpsychologie 49: 477-99.

Nee, Victor und *Jimy Sandres* 2001: Understanding the Diversity of Immigrant Incorporation. A Forms-of Capital Model. In: Ethnic and Racial Studies Vol. 24 No. 3: 386-411.

Putnam, Robert 1993b: The Prosperous Community. Social Capital and Public Life. The American Prospect Vol. 4 No. 13: 35-42. Unter: http://www.prospect.org/cs/articles?article=the_prosperous_community (20.02.2010).

Putnam, Robert 1995a: Tuning In, Tuning Out. The Strange Disappearance of Social Capital in America. In: Political Science and Politics Vo. 28 No.4: 664-83.

Putnam, Robert 1995b: Bowling Alone. America's Declining Social Capital. In: Journal of Democracy Vol. 6 No.1: 65-78. Unter: http://xroads.virginia.edu/~HYPER/DETOC/assoc/bowling.html (20.05.2010).

Putnam Robert 1996: The Strange Disappearance of Civic America. The American Prospect Vol. 7 No. 24: 34-48. Unter: http://www.prospect.org/cs/articles?article=the_strange_disappearance_of_civic_america (20.02.2010).

Portes, Alejandro und *Julia Sensenbrenner* 1993: Embeddedness and Immigration: Notes on the Social Determinats of Economic Action. In: American Journal of Sociology Vol. 98 No. 6: 1320-50.

Schroedter, Julia 2004: Binationale Ehen in Deutschland. In: Statistisches Bundesamt Wirtschaft und Statistik Nr. 4: 419-31. Unter: www.destatis.de/.../Binationale__Ehen0406,property=file.pdf

Sanders, Jimy M. und *Victor Nee* 1996: Immigrant Self-Employment: The Family as Social Capital and the Value of Human Capital. In: American Sociological Review Vol. 61 No. 2: 231-49.

Zanatta, Anna Laura 2009: Zwischen klassischer Ehe und Patchwork-Familie: Veränderungen des Familienverständnisses in Italien heute. In: Zibaldone- Zeitschrift für italienische Kultur der Gegenwart. No. 47: 63-76.

Wissenschaftliche Studien und Internetquellen

Bundesinstitut für Bevölkerungsforschung beim Statistischen Bundesamt (BiB) 2004: Integration und Partizipation junger Ausländer vor dem Hintergrund ethnischer und kultureller Identifikation. Ergebnisse des Integrationssurveys des BiB. Material zur Bevölkerungswissenschaft. Als: Heft 105c. Unter: http://www.bib-demographie.de/nn_750526/DE/Publikationen/Materialien/Hefte/105c.html (20.07.2010).

Berlin-Institut für Bevölkerung und Entwicklung (BIBE) 2009: Ungenutztes Potenzial. Zur Lage der Integration in Deutschland. Unter: http://www.berlin-institut.org/studien/ungenutzte-potenziale.html (20.04.2010).

Bundesamt für Migration und Flüchtlinge (BAMF) 2004: Erarbeitung eines operationalen Konzepts zur Einschätzung von Integrationsprozessen und Integrationsmaßnahmen. Unter: http://www.bamf.de/cln_101/nn_1522666/SharedDocs/Anlagen/DE/Migration/Downloads/Zuwanderungsrat/exp-bommes-zuwanderungsrat.html (28.04.2010).

BAMF 2005: Die Datenlage im Bereich der Migrations- und Integrationsforschung. Working Paper 1/2005. Unter: http://www.bamf.de/cln_101/nn_444062/SharedDocs/Anlagen/DE/Migration/Publikationen/Forschung/WorkingPapers/wp1-datenlage.html (28.04.2010).

BAMF 2008:Muslimisches Leben in Deutschland. Forschungsbericht 6. Unter: http://www.bamf.de/cln_170/nn_443284/DE/Migration/Forschung/Ergebnisse/Forschungsberichte/forschungsberichte-node.html?__nnn=true (22.04.2010).

BAMF 2010: Fortschritte der Integration. Zur Situation der fünf größten in Deutschland lebenden Ausländergruppen. Forschungsbericht 8. Unter: http://www.bamf.de/cln_170/nn_442016/SharedDocs/Anlagen/DE/Migration/Publikationen/Forschung/Forschungsberichte/fb8-fortschritte-der-integration.html (20.04.2010).

Bundesministerium des Innern (BMI) 2001: Zuwanderung gestalten. Integration fördern. Bericht der unabhängigen Kommission Zuwanderung. Berlin: Druckerei Conrad GmbH. Oder Unter: http://www.bmi.bund.de/SharedDocs/Downloads/DE/Themen/MigrationIntegration/AsylZuwanderung/Zuwanderungsbericht_pdf.html?nn=260318 (28.04.2010).

Bundesministerium für Familie, Senioren, Frauen und Jugendliche (BMFSFJ) 2000 o.a. *Deutscher Bundestag* 2000: Sechster Familienbericht. Familien ausländischer Herkunft in Deutschland. Leistung, Belastung und Herausforderung (Unterrichtung durch die Bundesregierung. Bundestags-Drucksache 14/4357). Unter: http://www.bmfsfj.de/RedaktionBMFSFJ/Broschuerenstelle/Pdf-Anlagen/6._20Familienbericht,property=pdf,bereich=bmfsfj,sprache=de,rwb=true.pdf

Bundesverband für Wohnen und Stadtentwicklung e.V. (VHW) 2008: Gute Beziehungen, schlechte Beziehungen: Lokales Sozialkapital und soziale Integration von Migranten im Quartier. Unter: http://www.vhw.de/publikationen/studien/ (20.04.2010).

Deutscher Bundestag 2002: Bericht der Enquete-Kommission „Zukunft des Bürgerschaftlichen Engagements". Bürgerschaftliches Engagement: Auf dem Weg in eine zukunftsfähige Bürgergesellschaft. Bundestags-Drucksache 14/8900.

Deutsches Institut für Wirtschaftsforschung (DIW) 2008a: Religion als Ressource sozialen Zusammenhalts? Eine empirische Analyse der religiösen Grundlagen sozialen Kapitals in Deutschland. SOEPpapers on Multidisciplinary Panel Data Research 144. Unter: http://www.diw.de/de/diw_01.c.100410.de/publikationen_veranstaltungen/publikatione n/soeppapers/soeppapers.html?id=diw_01.c.100410.de&y=2008&i=&action=anwenden (22.04.2010).

DIW 2008b: Theorie und Empirie über den Wirkungszusammenhang zwischen sozialer Herkunft, kulturellem und sozialem Kapital, Bildung und Einkommen in der Bundesrepublik Deutschland. SOEPpapers on Multidisciplinary Panel Data Research 128. Unter: http://www.diw.de/de/diw_01.c.100410.de/publikationen_veranstaltungen/publikatione n/soeppapers/soeppapers.html?id=diw_01.c.100410.de&y=2008&i=&action=anwenden &skip=20 (22.04.2010).

Esser, Hartmut 2001b: Integration und ethnische Schichtung. Mannheimer Zentrum für Europäische Sozialforschung (MZES). Arbeitspapier Nr. 40. Unter: www.mzes.uni-mannheim.de/publications/wp/wp-40.pdf (20.04.2010).

Haug, Sonja 2000b: Soziales Kapital, Migrationsentscheidungen und Kettenmigrationsprozesse. Das Beispiel der italienischen Migranten in Deutschland. Institut für Soziologie der Universität Leipzig. Arbeitsbericht des Instituts für Soziologie Nr. 13. Unter: www.uni-leipzig.de/~sozio/content/site/a_berichte/13.pdf (20.07.2010).

Leibold, Jürgen 2008: Immigranten zwischen Einbürgerung und Abwanderung. Eine empirische Studie zur bindenden Wirkung von Sozialintegration. Dissertation. Göttingen: Elektronische Dissertationen der Georg-August-Universität. Unter: http://webdoc.sub.gwdg.de/diss/2007/leibold/ (28.04.2010).

101